信阳师范学院商学院 学术文库

XIBU DIQU CHUANGXIN RENCAI JUJI XIAOYING
YINGXIANG YINSU JI TISHENG LUJING YANJIU

西部地区创新人才聚集效应影响因素及提升路径研究

肖南兵 ◎ 著

中国财经出版传媒集团

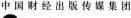

经济科学出版社
Economic Science Press

图书在版编目（CIP）数据

西部地区创新人才聚集效应影响因素及提升路径研究/
肖南兵著 . —北京：经济科学出版社，2020.12
ISBN 978 - 7 - 5218 - 2291 - 5

Ⅰ.①西… Ⅱ.①肖… Ⅲ.①创造性人才 - 人才
管理 - 研究 - 中国 Ⅳ.①C962

中国版本图书馆 CIP 数据核字（2020）第 263224 号

责任编辑：顾瑞兰
责任校对：靳玉环
责任印制：王世伟

西部地区创新人才聚集效应影响因素及提升路径研究

肖南兵 著

经济科学出版社出版、发行 新华书店经销

社址：北京市海淀区阜成路甲 28 号 邮编：100142

总编部电话：010-88191217 发行部电话：010-88191522

网址：www. esp. com. cn

电子邮箱：esp@ esp. com. cn

天猫网店：经济科学出版社旗舰店

网址：http://jjkxcbs. tmall. com

北京财经印刷厂印装

710 × 1000 16 开 13 印张 190 000 字

2020 年 12 月第 1 版 2020 年 12 月第 1 次印刷

ISBN 978 - 7 - 5218 - 2291 - 5 定价：63.00 元

（图书出现印装问题，本社负责调换。电话：010 - 88191510）

（版权所有 侵权必究 打击盗版 举报热线：010 - 88191661

QQ：2242791300 营销中心电话：010 - 88191537

电子邮箱：dbts@ esp. com. cn）

总　序

　　商学院作为我校 2016 年成立的院系，已经表现出了良好的发展潜力和势头，令人欣慰、令人振奋。办学定位准确，发展思路清晰，尤其在教学科研和学科建设上成效显著，此次在郑云院长的倡导下，拟特别资助出版的《信阳师范学院商学院学术文库》，值得庆贺，值得期待！

　　商学院始于我校 1993 年的经济管理学科建设。从最初的经济系到 2001 年的经济管理学院、2012 年的经济与工商管理学院，发展为 2016 年组建的商学院，筚路蓝缕、栉风沐雨，凝结着教职员工的心血与汗水，昭示着商学院瑰丽的明天和灿烂的未来。商学院目前拥有河南省教育厅人文社科重点研究基地——大别山区经济社会发展研究中心、理论经济学一级学科硕士学位授权点、工商管理一级学科硕士学位授权点、理论经济学河南省重点学科、应用经济学河南省重点学科、理论经济学校级博士点培育学科、经济学河南省特色专业、会计学河南省专业综合改革试点等众多科研平台与教学质量工程，教学质量过硬，科研实力厚实，学科特色鲜明，培养出了一批适应社会发展需要的优秀人才。

　　美国是世界近现代商科高等教育的发祥地，宾夕法尼亚大学沃顿于 1881 年创建的商学院是世界上第一所商学院，我国复旦公学创立后在 1917 年开设了商科。改革开放后，我国大学的商学院雨后春笋般成立，取得了可喜的研究成果，但与国外相比，还存在明显不足。我校商学院无论是与国外大学相比还是与国内大学相比，都是"小学生"，还处于起步发展阶段。《信阳师范学院商学院学术文库》是起点，是开始，前方有更长的路需要我们一起走过，未来有更多的目标需要我们一道实现。希望商学院因势而谋、应势而动、顺势而为，进一步牢固树立"学术兴院、科研强院"的奋斗目标，走内涵式发展之路，形成一系列有影响力的研究成果，在省内高校起带头示范作用；进一步推出学术精品、打造学术团队、凝练学术方向、培育学术特色、发挥学术优势，尤其是培养一批仍处于"成长期"的中青年学术骨干，持续提升学院发展后劲并更好地服务地方社会，为我校实现高质量、内涵式、跨越式发展，建设更加开放、充满活力、勇于创新的高水平师范大学的宏伟蓝图贡献力量！

"吾心信其可行，则移山填海之难，终有成功之日；吾心信其不可行，则反掌折枝之易，亦无收效之期也。"习近平总书记指出，创新之道，唯在得人。得人之要，必广其途以储之。我们希望商学院加快形成有利于人才成长的培养机制、有利于人尽其才的使用机制、有利于竞相成长各展其能的激励机制、有利于各类人才脱颖而出的竞争机制，培植好人才成长的沃土，让人才根系更加发达，一茬接一茬茁壮成长。《信阳师范学院商学院学术文库》是一个美好的开始，更多的人才加入其中，必将根深叶茂、硕果累累！

让我们共同期待！

前　言

在千年更替的重要历史时刻，西部大开发的实施顺应了时代发展的潮流、把握了国内外形势变化的趋势，既能较好地处理东部地区和中西部地区的关系，又能促进区域间经济的协调发展。2012 年，党的十八大提出，坚持走中国特色自主创新道路，实施创新驱动发展战略。2017 年，党的十九大又提出，要实施区域协调发展战略，建立更加有效的区域协调发展新机制。与东中部地区相比，我国西部地区的经济基础、区位优势都处于劣势，自"一带一路"倡议提出之后，西部地区迎来了新的历史发展机遇，而且这一机会也有利于东西部地区发展差距的缩小、有利于区域经济协调目标的实现。

本书以《西部地区创新人才聚集效应影响因素及提升路径研究》为题，结合人力资本理论、人才流动理论、人口迁移相关理论及协同学，采用定性与定量相结合的研究方法，对西部地区创新人才聚集效应进行系统研究。

第一，研究西部地区创新人才聚集效应的形成机理，分析西部地区创新人才聚集效应的形成基础。进行创新人才聚集效应形成的基础内容分析之后，提出了西部地区创新人才聚集效应的形成基础，分别包括五大子效应——规模效应、知识共享效应、集体学习效应、创新网络效应、地区品牌效应，而且这些子效应之间也具有一定的相互关系。

第二，分析西部地区创新人才聚集效应的形成诱因，主要从主体诱因和环境诱因两大方面进行阐述。主体诱因方面，西部地区的政府、企业、高校及科研机构、其他组织等是西部地区创新人才聚集效应形成的主要主体，其根据西部地区的人才供需关系，影响创新人才聚集效应的形成，而且这些主体各自所擅长的功能并不相同，为此，可以通过信息流、资金流、技术流、人才流等加强资源依赖，提升规模效益。环境诱因方面，影响西部地区创新人才聚集效应形成的环境因素复杂多样，而社会生活因素、教育科技因素、经济发展因素、人才服务因素和人文文化因素这五个方面的主要影响因素通过耦合，不断吸引创新人才，从而形成创新人才聚集效应。

第三，分析西部地区创新人才聚集效应的形成路径。在阐述了形成路径的具体步骤之后，本书构建了西部地区创新人才聚集效应形成的系统路径。分析西部地区创新人才聚集效应形成路径的具体步骤可知，西部地区创新人才聚集效应的五个主要内容可以被分为基础层、生成层、转化层和显现层。西部地区创新人才聚集效应产生的基础是基础层；西部地区创新人才聚集效应产生的内在机理和关键所在是生成层和转化层；西部地区创新人才聚集效应的最终表现形式体现为显现层。分析西部地区创新人才聚集效应形成的系统路径可知，政府、企业、高校及科研机构、其他组织等主体诱因通过强化西部地区创新人才聚集效应形成的环境因素，最终借助创新网络效应、集体学习效应、知识共享效应、规模效应和地区品牌效应这五大子效应，实现西部地区创新人才聚集效应的形成。

第四，构建西部地区创新人才聚集效应的影响因素指标体系，并明确各个因素对创新人才聚集效应的影响程度。基于内容分析法及问卷调查法，构建西部地区创新人才聚集效应的影响因素指标体系，可聚合到社会生活环境、教育科技环境、经济发展环境、人才服务环境和人文文化环境五个层面，各个层面又包含若干个二级指标。基于灰色关联分析法，收集 2011～2015 年西部地区创新人才聚集效应的各项原始数据，识别西部地区创新人才聚集效应的主要因素及其影响程度，其中主要影响因素共 21 个，且各个指标与西部地区创新人才聚集效应的灰色关联度都高于 0.9，即每个因素对创新人才聚集效应都有重要影响。之后，以 2015 年为例，采用灰色关联分析法，对比分析各影响因素对陕西、甘肃、宁夏、青海、新疆、西藏、云南、贵州、四川和重庆等 10 个省份的影响程度及大小。通过使用聚类分析，揭示各省份影响因素的具体表现，其中，贵州、云南、西藏、甘肃、青海、宁夏和新疆等省份在社会生活、教育科技、经济发展、人才服务和人文文化的某一个或某几个方面的影响因素中存在"短板",重庆、四川和陕西等省份在社会生活、教育科技、经济发展、人才服务和人文文化方面的得分都较好,发展较为均衡。

第五,综合分析西部地区创新人才聚集效应的问题。依托第3章、第4章和第5章的内容,提出西部地区创新人才聚集效应的三大问题为:创新人才聚集效应整体不断提升,各省份之间各具特色;环境因素对创新人才聚集效应的影响水平不一;各省份创新人才聚集效应主体的协同作用不佳。分析第一个问题可知,从整体上看,随着时间的推进,2011~2015年,西部地区10个省份(陕西、甘肃、宁夏、青海、新疆、西藏、云南、贵州、四川和重庆)的创新人才聚集效应都在不断好转,但是10个省份的创新人才聚集效应水平存在显著差异,明显出现了好、中、差三个等级。分析第二个问题可知,环境因素对各省份创新人才聚集效应的影响出现阶梯化现象,而且各省份创新人才聚集效应的影响因素表现不均衡。分析第三个问题可知,各省份创新人才聚集效应主体的作用方式没有充分发挥,而且各主体的协同平台尚未完善。

第六,提出西部地区创新人才聚集效应的提升对策。在回顾西部地区创新人才聚集现有做法的基础上,构建西部地区创新人才聚集效应提升的路径图,从人才服务环境的完善、社会生活环境的改良、教育科技环境的提升、经济发展环境的优化、人文文化环境的打造五个方面提出西部地区创新人才聚集效应提升的整体对策,进一步地,提出西部各省份创新人才聚集效应提升的具体对策。

肖南兵

2020 年 9 月

目　录

第1章

导　论

1.1　问题的提出与研究意义

1.1.1　问题提出

1.1.1.1　西部大开发及区域协调发展战略的提出

在千年更替、世纪之交的重要历史时刻，党的第三代中央领导集体提出了西部大开发这一重大战略举措。西部大开发的实施顺应了时代发展的潮流、把握了国内外形势变化的趋势，能较好地处理东部地区和中西部地区的关系，也能促进区域间经济的协调发展。西部大开发战略实施十多年来，国家在财政投入、资源环境、区域合作、金融税收、人才开发和公共服务等多方面出台了优惠政策，成为西部地区迅速崛起的内在引擎。西部地区的面貌发生了翻天覆地的变化，经济得到持续快速发展，地区生产总值、城乡居民收入等一些重要经济指标均处于高位运行的状态，实现了较快增长。2017 年 10 月 18 日，党的十九大报告指出，为了实现区域的协调发展，必须实施区域协调发展战略，推进边疆地区、贫困地区、民族地区和革命老区的发展，特别是要推进西部大开发形成的新格局，借助优势推动中部地区的崛起。

1.1.1.2 人才发展战略的驱动

2012 年，党的十八大首次提出了全面实施创新驱动发展战略，这一战略的核心就是推动科技创新，使其不断发挥出对社会生产力和综合国力提升的重大作用，并且国家发展全局的核心位置就是科技创新，中国要走的道路将是自主创新、驱动发展的模式。2015 年 3 月，国务院发布的《关于深化体制机制改革，加快实施创新驱动发展战略的若干意见》（以下简称《意见》）又强调，在经济发展新常态时期，为了完成"两个一百年"奋斗目标，我国必须实施创新驱动的发展战略，也必须深化体制机制改革。《意见》坚持的主要原则就是人才为先，同时，创新的第一资源就是人才。为此，各类人才的吸引、培养和使用就是重点工作。人才工作包括：人才培养模式的创新，以实现合理流动和优化配置各类人才；利益回报和精神鼓励双重实施，给予人才更好的强化激励；全社会创新活力的激发需要技术技能人才、企业家队伍创新作用的充分发挥。我国在"十一五"期间实施了 13 项人才开发计划和专项工程，如博士服务团计划、"西部之光"计划、海外留学人员归国创业工程、西部地区管理人才创新培训工程等。在"十二五"期间，国家又开展了五项重点人才开发工程，包括东部城市对口支持西部地区人才培训计划，边远贫困地区、边疆民族地区和革命老区人才支持计划等。

1.1.1.3 西部地区人才发展的现实需要

与东中部地区相比，我国西部地区的经济基础、区位优势都处于劣势地位，自"一带一路"倡议提出之后，西部地区迎来了新的历史发展机遇，而且这一机会也有利于东西部地区发展差距的缩小、有利于区域经济协调目标的实现。但是，由于诸多原因，西部地区的人才流失现象严重。对于西部地区来说，能否抓住发展机遇、吸引创新人才、做好创新人才的开发和利用，在一定程度上是至关重要的。而且，由于人力资本培育是一个长期的过程，西部地区人力资本政策供给的绩效相对不明显，人才流失结构性矛盾、人才管理体制落后、人力资本存量偏少、教育非均衡性发展等问题在西部地区的人才发展中仍然较为突出。在和其他地区进行比较时发现，西部地区人才方面的劣势较为突出：产业相关人才数量不足、高技能人才和高层次人才匮乏、人才规模偏小；人才吸引和培养能力不强、投入人才开发的各项资源有限、人才流失严重；人才经济系数不高、人才使用效益低下；人才创新创业环境不佳、人才体制机制障碍重重；等等。在西部地区，人才聚集度较高的仅限于几个大城市，如重庆、成都、西安，各省份的人才实力悬殊，一些中小城市极度缺乏创新人才。在全国范围内，西部地区人才发展的各项工作较为滞后，新一轮西部大开发实施的关键瓶颈就是人才的相对贫乏，且不能满足西部地区经济和社会发展需要。在当前的市场经济和知识经济时代，地区之间创新人才的流动、聚集等现象频发，出现这一现象的诱导因素包括资源、环境、利益等。为此，国内外的学者越来越关注地区之间创新人才的聚集现象和聚集效应。创新人才在区域内聚集可以带来诸多的正面效应，如创新人才自身价值得到了最大化，亦能促进聚集地甚至周边地区的经济、科技、产业、社会等得到快速发展。但是，分析当前我国各区域的创新人才聚集情况可知，东、中、西部地区的创新人才聚集差异较大，出现了较为明显的极端现象，主要表现就是东部地区是创新人才的高地，人才聚集的各类现象明显，而西部地区的创新人才存量和聚集水平却相对较低，与东部的差距较大。为此，我国当前区域规划发展的重要目的就是要缩小西部地区与发达地区之间的差距，实现区域的协调发展，而这一目的实现的有效途径就是促进创新人才在西部地区的聚集。

1.1.2 研究意义

1.1.2.1 理论意义

本书主要进行西部地区创新人才聚集效应的评价及提升研究，能在一定程度上丰富创新人才聚集以及西部地区创新人才管理方面的相关研究成果。现有关于西部地区创新人才问题的理论和实证研究中，大多探讨人才流失、人才培养等方面的问题，对创新人才聚集的关注度较少。本书重点评价西部地区创新人才的聚集效应、影响因素、问题的综合分析，并最终提出对策建议，可以在一定程度上丰富西部地区创新人才聚集方面的相关研究。

1.1.2.2 现实意义

对于西部地区来说，本书的研究能在一定程度上指导该地区的创新人才聚集的实践，能较好地推动创新人才的发展。我国西部地区创新人才聚集效应的水平较低，通过对西部地区创新人才聚集效应、影响因素等问题的综合分析并最终提出对策建议，能在一定程度上指导西部地区提升创新人才聚集的实践，同时，也能够提升西部地区的竞争优势，实现经济转型的跨越式发展。

1.2 相关研究文献综述

1.2.1 创新人才相关研究

回顾创新人才的相关研究，诸多学者进行了探讨，取得了较丰富的研究成果，在创新人才的界定及特征、创新人才测评、创新人才培养路径及对策、创新人才的重要性等方面都有重要的研究成果。

1.2.1.1 创新人才的界定及特征

西方心理学最早进行了创新人才方面的研究。关于创新人才概念的界定，众说纷纭，尚未达成一致的意见。福克斯（Fox）提出，将新观念孕育出来并付诸实施、取得新成果的人就是创新人才。[①] 吉尔福德（Guilford）则认为，创新人才具有鲜明的特点，如敏感性、灵活性、流畅性、独创性，只有具备这些特征的人才才是真正意义上的创新人才。[②] 麦金农（Mackinnon）提出，具有创造性视野是创新性人才的突出特征，这类人才观察问题的视角新颖、解决问题的思路独特。[③] 国内学者如徐晓玉等提出，具有强烈的创新意

---

① Fox M J. Exploring the nature of creativity［M］. Duuque Kendall：Hunt Publishing Company，2000.

② Guilford J P. Some misconceptions regarding measurement of creative talents［J］. Journal of Creative Behavior，2011，5（2）：77－87.

③ Mackinnon D W. The nature of creative talent［J］. American Psychologist，1962，17（7）：484－495.

识且具有高度创造力的新型复合型、应用型优秀人才才能被称为创新人才[①]。这一观点得到了大多数学者的认同，如张劲军等提出，创新人才是指具有创新意识和创新能力的人。[②] 刘泽双等认为，创新人才涵盖的范围广泛，包括从企业和行政事业部成长起来的管理人才，从生产实践中成长起来的产品、技术发明人才，以及从科研单位出来的研究型创新人才。[③] 唐殿强等提出，与常规人才相比，创新人才具有较多突出的特点和特征，如创新能力、创新意识、创新精神，且大多能取得创新成果，而且在这一过程中，居于主导地位的就是创新人才的创新思维。[④] 王亚斌等同样认为，创新精神、创新能力、创新积累，加上理论或实践经验丰富，而且在某一方面能够打破成规，做出突破性创新，最终能够给社会带来正向价值贡献的人才就是创新人才。[⑤] 关于创新人才的特征，学者们的意见也并不统一。斯腾伯格（Sternberg）提出，创新人才应该具有一系列的素质，如不循规蹈矩、有质疑精神、有自由的思想、不墨守成规、社会道德标准较高等。[⑥] 其中，创新人才最主要的特征就是创造性，创新人才只有经过长期的思考和知识积淀，才能取得这一结果。[⑦] 韦斯伯格（Weisberg）则提出，创新品德是创新人才胜任力的根本，他认为，人才完成创造性成果的基础就是大量的知识和经验的积累。[⑧] 威利（Wiley）认为，创造力形成的基础是知识，但是同时，知识也会羁绊创造力，两者之

---

① 徐晓玉，姚立英. 搞好高校创新人才的培养 迎接知识经济时代的到来 ［J］. 西南民族大学学报（人文社科版），1998（s6）：105－107.
② 张劲军，申宝玉. 营造创新环境培养创新人才 ［J］. 煤炭经济研究，2000（9）：69－71.
③ 刘泽双，薛惠峰. 创新人才概念内涵述评 ［J］. 人才资源开发，2005（4）：8－9.
④ 唐殿强，孙玉萍. 企业创新型人才的培养 ［J］. 中国发明与专利，2009（5）：55－56.
⑤ 王亚斌，罗瑾琏，李香梅. 创新型人才特质与评价维度研究 ［J］. 科技管理研究，2009（11）：318－320.
⑥ Sternberg R J. Implicit theories of intelligence，creativity and wisdom ［J］. Journal of Personality and Social Psychology，1985，49（3）：607－627.
⑦ Herbert A S. Creativity in the arts and the science ［J］. The Kenyon Review，2001，23（2）：203－220.
⑧ Weisberg R W. Creativity and knowledge：a challenge to theories ［M］//Sternberg R J. Handbook of creativity. New York：Cambridge University，1999.

间的张力应该适度。① 吉尔福德（Guliford）从创新人才的人格特质出发，认为与普通人才相比，创新人才的人格特质极为突出，如求知欲旺盛、知识面广、善于观察，此外，创新人才的自觉性和独立性更强。② 卢多等（Rudowicz et al.）通过研究提出，创新人才的特质主要表现为充满活力、社交风格的勇敢大胆等。③ 在仔细研究了多领域科学家之后，巴伦（Barron）发现，此类创新人才的特点极为突出，如容易接受新事物、判断独立、不拒绝混乱。④ 之后，巴伦又提出，与一般的从众者相比，创新人才的创新作为更多，而且其韧性更强、情绪更稳定、能力更超越。⑤ 进一步地，鲍姆（Albaum）同样通过对比发现，与一般的非发明者相比，发明者的进取心更强且深思熟虑。⑥ 曼斯菲尔德等（Mansfield et al.）提出，创新人才的工作目标主要是追求自主、富有创造性，而且他们更容易接受各种可能性。⑦ 基于集体人格层面，有学者认为，由于创新人才的观点更为开放、更容易接纳多样性的思想和自由，所以能帮助他人产生新思想。⑧ 巴里克等（Barrick et al.）通过研究发现，虽然对于任务的完成、团队一致意见的达成来说，宜人性人格很重要，但是创新人才个人创新能力与其的影响尚未清晰，需要进一步研究。⑨ 阿斯基等（Haski et al.）的研究表明，对于创造性思维和创新行为来说，过高的

---

① Wiley J. Explortise as mental set: the effects of domain knowledge in creative problem solving [J]. Memory and Cognition, 1998, 26（4）: 716 – 730.

② Guliford J P. Creativity [J]. American Psychologist, 1950, 26（5）: 444 – 454.

③ Rudowicz E, Hui A. The creative personality: Hong Kong perspective [J]. Journal of Social Behavior and Personality, 1997, 12（1）: 139 – 157.

④ Barron F. The psychology of imagination [J]. Scientific American, 1958, 199（3）: 150 – 170.

⑤ Barron F. Creative persons and creative process [M]. New York: Holt, Rinehart and Winston, Inc., 1969.

⑥ Albaum F. Selecting specialized creators: the independent inventor [J]. Psychological Report, 1976（39）: 175 – 179.

⑦ Mansfield R S, Busse T V. The psychology of creativity and discovery [M]. Chicago: Nelson – Hall, 1981.

⑧ Susan E, Elko J K. Divergent thinking and market visioning competence: an early front – end radical innovation success typology [J]. Industrial Marketing Management, 2014, 43（8）: 1351 – 1361.

⑨ Barrick M R, Mount M K, Judge T A. Personality and performance at the beginning of the new millennium: what do we know and where do we go next? [J]. International Journal of Selection and Assessment, 2001, 9（1/2）: 9 – 30.

宜人性人格倾向并不会对其起到强化作用。对于创新人才的成长来说，过高的宜人性人格倾向也是不利的。①

国内相关学者，如马妍春指出，创新人才的本质体现是智慧力量，创新人才的根本保证是综合文化素质，而创新人才的最高境界则是献身人类利益。② 龙跃君指出，创新意识是创新人才首先需要具备的，同时，要拥有创新思维和创新能力，而健全的人格是基础。③

1.2.1.2　创新人才的效率与测评

关于创新人才的效率及测评方面，国内外的研究视角存在一定的差异。国外学者大多从心理学角度出发，测度创新人才的创新能力、创造性或发散性思维，认为最为常见的是期刊影响因子。格里利兹（Griliches）指出，作为生产过程的创新过程，投入指标和产出指标都应该包含在创新人才创新效率的评价指标中。④ 瑞姆（Rimm）为了考察学生人格特质是否有创造性倾向而编写了《发现才能团体问卷》。⑤

国内学者则是从较为宏观的方面，将创新人才置于具体的行业或是地区来进行评价研究。如杜红梅等综合评价 2013 年湖南制造业 31 个部门创新人才的投入产出效率，结果表明，由于 R&D 人员投入冗余、创新人才产出不足，导致湖南制造业整体创新人才投入产出效率低。为此，对于政府来说，需要建立健全培养企业家创新精神的发展机制，与此同时，企业也要完善创新激励机制。⑥ 刘丹认为，当前的企业创新人才测评体系存在诸多问题，突

① Haski, Leventhal D. Altruism and volunteerism: the perceptions of altruism in four disciplines and their impact on the study of volunteerism [J]. Journal for the Theory of Social Behavior, 2009, 39 (3): 271 – 299.

② 马妍春. 创新人才的内涵及特征 [J]. 沈阳教育学院学报, 1999, 1 (4): 46 – 49.

③ 龙跃君. 论高等教育与创新人才的培育 [J]. 湖南大学学报 (社会科学版), 1999, 13 (2): 123 – 126.

④ Griliches Z. Patents statistis as economic indicators: a survey [J]. Journal of Economic Literature, 1990, 28 (4): 1661 – 1707.

⑤ Rimm S. Peer pressures and social acceptance of gifted students [M] //Neiharts M, Reis S. Social and emotional development of gifted children: What do we know? Waco: Prufrock Press, 2002.

⑥ 杜红梅, 王明春. 基于投入产出分析的湖南制造业创新人才效率研究 [J]. 湖南人文科技学院学报, 2015 (3): 78 – 82.

出表现为测评指标比较粗糙、专业测评人员匮乏、测评工具不够专业，为此，必须在测评指标体系、测评实施程序、测评方法等方面进行完善和优化。[①] 曲婷研究的是国际化创新人才，其开发的国际化创新人才发展的评价指标体系涵盖三个维度，即人才效能国际化、人才环境国际化、人才素质国际化。将此评价指标体系应用于湖南省研究发现，在全国，湖南国际化创新人才发展水平是中等，与全国发达省份相比，人才素质国际化和人才效能国际化较为落后，但是人才环境国际化水平表现较好。为此，为了提升湖南国际化创新人才发展水平，需要完善各种人事制度、收入分配和激励制度，尝试各种吸引人才的模式、经验和方法。[②]

1.2.1.3 创新人才的培育途径

关于创新人才的培育，国外学者多是基于微观，提出创新人才的培育措施，而国内学者大多将其与高校管理相结合，从较为宏观的层面提出培育措施。

国外学者，如吉尔福德（Guilford）指出，创新人才的创造力也需要培养和锻炼，绝非是与生俱来的。[③] 对于创新人才的培育是可以达到的，且发展空间较大。卡梅利等（Carmeli et al.）认为，团队合作可以有效地激发创新人才的创新潜能，而且，成员通过知识共享获得的信息和经验会呈指数增长，成员进行相互反馈，所获得的收益也会呈指数增长。[④] 通过实证研究发现，创新人才在多元化团队中工作，其获得的创新能力比单一团队要更好。

国内学者在提出创新人才培养对策时，一方面是分析国外的经验和优势，如李又兵等（2015）对比分析发达国家创新人才培养的先进做法：美国的创新人才培养制度独具特色；英国讲求团队协作的学习方式；日本则是优化设

---

① 刘丹. 构建企业创新人才测评体系的策略研究 [J]. 山东社会科学, 2016 (6): 167-168.

② 曲婷. "走出去" 背景下我国国际化创新人才发展评价及对策研究: 以湖南为例 [J]. 科学管理研究, 2015, 33 (2): 85-88.

③ Guilford J P. Cognitive styles: what are they? [J]. Educational and Psychological Measurement, 1980, 40 (3): 715-735.

④ Carmeli A, Pauluse P B. CEO idential facilitation leadership and team creativity: the mediating role of knowledge sharing [J]. The Journal of Creative Behavior, 2014, 49 (1): 53-75.

置理论课程。钞秋玲等（2015）同样是进行国内外的对比分析，提出在人才培养方面，英国是传统与创新的结合，体现出了科学性、系统性、完整性等特点，英国的精英人才培养成效较大。为此，在创新人才培养方面，我国需要充分借鉴其理念，如将儿童的创新潜能进行挖掘和发挥，人才培养的衔接性和系统性不容忽视，要提升人才培养的差异性和实践教学。此外，创新人才的成长还需要多层次的国际化环境。张典兵提出，西方高校创新教育的实施和开展是政府的重中之重，培养大学生的创新能力和企业家精神是主要的目标，为此，发达国家的创新人才培养模式较具特殊性。我国创新人才的培养效果要想进行提升，个性化创新人才培养理念的树立必不可少。①

另一方面，诸多学者立足于高校，结合高校管理相关研究或是从人才战略的角度提出创新人才的培育对策。如邱观建等阐述了把高等学校建设成为人才培养、知识创新的基地，就必须面向知识经济时代确立创新教育观念。为此，高等教育必须突破原有教育理论框架，形成适合培养创新人才的高等教育办学体制和组织保障，并推行全面素质教育目标，适应社会发展需要；实行弹性学制，培养富于个性的创新人才；集成智力资源，形成群体优势，实现教育产业化，全面提高高等学校培养创新人才的效率和效益。② 基于因子分析法，包赫囡等提出，专业教育、能力教育及基础教育是大学本科创新人才培养的主要影响因素，并在此基础上，提出注重市场导向的课程设置、完善质量标准、注重基础教育、重视创新技能培养等加强大学本科创新人才培养的建议。③ 在创新人才的诸多要素中，何孟杰认为创新人才思考问题、解决问题的方法和能力的直接体现是思维方式，而思维方式也是影响创新人才最为重要的方面，这主要是因为，中国古代科学技术的辉煌和近现代创新人才培养的落后都是由传统思维方式造就的。为此，需要以教育和训练培养

---

① 张典兵．国外高校创新人才培养模式的特色与借鉴［J］．教育与教学研究，2015，29（8）：1 - 7.

② 邱观建，童列春．知识经济与创新人才培养［J］．武汉交通科技大学学报（社会科学版），1999，12（3）：45 - 48.

③ 包赫囡，周北，吕德宏．基于因子分析的大学本科创新人才培养影响因素探究［J］．黑龙江教育（高教研究与评估），2016（3）：80 - 82.

逻辑思维素养、以人才选拔提供导向。① 陈立认为，造就、吸纳、充分发挥创新人才作用的客观条件就是人才发展环境，因而，对于中原经济区来说，应该将创新人才工作体制进行完善，增强政府公共服务供给能力（如推进政策目标与政策工具选择间的科学性、加快提升政府公共服务能力、突出优势营造保障环境等）。② 蔡德红研究发现，目前我国高校创新人才培养存在问题的原因是意识层面、管理层面、办学层面所造成的。为此，在意识方面，应改变观念，正确理解创新人才所包含的内容；在管理方面，应注重个性化建设，建立以人为本的管理制度；在办学方面，应注重文化建设，优化师资队伍，将理论与实践结合起来。③ 詹小颖等认为，新常态对我国经济和高校人才培养的要求发生了很大改变。新常态下，应该探索适应应用型创新人才的培养体系，主要体现在"一个核心 + 两个体系"教学框架方面。④ 李丽等提出，地方性高校培养创新人才的重要途径就是寻求与区域行业协同合作，为了提升高校与区域行业协同合作培养人才的成效，可以建立校企协同教学指导委员会、优化人才培养方案、制定校企协同人才培养的制度并建立双师型教学队伍。⑤ 王晓晖等认为，当前我国创新型人才培养方面突出的问题就是：高等教育的"西方化"与高等教育的"国际化"等同，师资国际交流与合作深度不够等。⑥ 基于中美比较的视角，李煜凯分析我国创新人才培养方面的现状，包括课程设置不合理、教学方法陈旧、教学实践不完善。为此，我国需要深入学习美国创新人才培养的成功经验，如实现课程设置的多元化、教学方法的多样化、校企合作的密切化，而且我国创新人才培养的新思路应该

---

① 何孟杰. 我国创新人才培养与思维方式转型进路：从李约瑟难题到钱学森之问［J］. 龙岩学院学报，2016，34（3）：121－126.

② 陈立. 中原经济区创新人才发展环境优化对策研究［J］. 人才资源开发，2015（6）：14－16.

③ 蔡德红. 高校创新人才培养模式初探［J］. 鞍山师范学院学报，2015，17（3）：100－102.

④ 詹小颖，姚高华，卢振坤. 新常态下应用型创新人才培养路径探索［J］. 高教学刊，2016（2）：8－10.

⑤ 李丽，蔡阳生，张承云. 行业协同培养创新人才的研究与探索［J］. 教育教学论坛，2016（41）：173－174.

⑥ 王晓晖，林澎，丰大双. 国际化视野下高校创新人才培养模式的实践与探索［J］. 产业与科技论坛，2016，15（10）：143－144.

是因材施教、学思结合、知行合一。① 王子入认为,办学定位模糊、大学制度缺失、教学管理制度陈旧、产学研合作粗浅等都是当前我国应用型创新人才培养过程中存在的问题。为此,应用型人才培养的外部环境和内在机制都需要做出一定的改变,包括完善现代教学管理机制、产学研合作教育机制、创新人才培养机制、创新教师培训机制等。② 还有学者如赵永乐等(2011)认为,人才队伍发展、人才投入、人才效益、人才环境从广义上构成了一个区域的人才系统,而人才队伍发展、人才投入、人才效益从狭义上构成了一个区域的人才系统。同时,赵永乐(2012)以福建省为例,认为其需要战略性调整人才结构,这样才能实现超常规的跨越式发展。钱国英等提出,改革传统教学的组织形式是创新人才能力培养的内在要求。③ 罗婷等借鉴国内外著名大学和女子院校的成功办学经验,立足我国女性创新人才培养的现实需要,提出构建我国女性创新人才培养的大学文化。④

1.2.1.4　创新人才的重要性

基于浙江省百强制造业数据,方阳春等采用相关性与回归性分析浙江省制造业企业创新人才竞争力对创新绩效的影响,结果发现,企业创新绩效与企业创新人才竞争力两者正相关。对企业创新绩效来说,具体的影响因素有拥有博士学位人数、研究与试验发展人数、有高级技术职称人数。为此,只有重视人才引进、培养和培训,才能提升浙江省制造业企业的创新绩效。⑤ 姚正海等提出,区域高技术产业的发展离不开产业的转型升级,而且创新人才的成长环境也由产业转型升级带来。通过实证研究发现,创新人才和高技术产业发展之间的正相关性显著,为此,区域需要促进创新人才培养、加速

① 李煜凯. 高等教育创新人才培养的新思路:基于中美比较的视角 [J]. 中国高等教育评估,2016 (3):7-10.
② 王子入. 应用型创新人才培养的机制研究 [J]. 现代教育管理,2016 (8):99-103.
③ 钱国英,白非,徐立清. 注重创新型人才的能力培养 探索合作性学习的教学方式 [J]. 中国大学教学,2007 (8):20-22.
④ 罗婷,宋兴明. 女性创新人才培养的文化路径探讨 [J]. 国家教育行政学院学报,2012 (5):18-21.
⑤ 方阳春,王美洁,贾丹. 浙江省制造业企业创新人才竞争力及其对创新绩效的影响 [J]. 科研管理,2016 (37):558-559.

高技术产业发展。[①]

1.2.1.5 创新人才相关研究的述评

当前，关于创新人才的国内外相关研究成果十分丰富，在创新人才的界定及特征、创新人才测评、创新人才培养路径及对策、创新人才的重要性等方面的研究都较为深入。从创新人才界定及特征看，虽然没有完全一致的创新人才界定，但是创新人才内涵所包含的关键词较为相似，涵盖人才、创新思维、创新成果等。而且，创新人才的特征研究虽然较为多样，但是其中不乏创新意识、创新能力、创新思维和健全人格等几个方面的核心内容。从创新人才测评方面看，不同学者基于不同的研究目标从微观或是宏观方面进行研究，而且设计了不同的创新人才测评体系。关于创新人才的培育路径，研究成果则更为丰富、研究观点更为多样，较多学者将其与高等教育相结合，立足于高校而提出创新人才培养途径。

1.2.2 人才聚集相关研究

1.2.2.1 人才聚集的影响因素

当前，人才聚集的影响因素是研究的热点，诸多学者从经济学、社会学等学科进行研究，而且影响因素涉及整体系统层面、具体因素层面等。

（1）系统层面。关注人才聚集系统层面的影响因素的研究学者较多，且研究结论较为一致。

国外较多学者认为，人才聚集的影响因素是教育、经济、文化和环境因素。在提出了"中心—外围"平衡模型之后，奥尔加（Olga）认为，地方政府对于区域人才集聚的推进作用极为巨大。[②] 莱恩等（Laing et al.）提出，

---

① 姚正海，张海燕. 创新人才对高技术产业发展的拉动效应分析［J］. 高等农业教育，2015（2）：25 – 28.

② Olga A V. Urban agglomeration：knowledge apillovers and product diversity［J］. The Annals of Regional Science，2002，36（4）：551 –573.

人才聚集的向心力包括知识溢出效应、工资水平等方面。[①]

唐朝永等提出，人才聚集的影响因素包括了教育支持系统、经济支持系统、文化支持系统、制度支持系统和科技支持系统。[②] 沈荣华则认为，人才聚集的影响因素应该是教育环境、法制政策环境、社会环境、经济环境、服务环境和文化环境六个方面。[③] 刘丽等同样认为，生活环境、人文环境、工作环境、政策环境、经济环境会影响人才聚集。[④] 王建强等提出，硬环境和软环境会影响人才聚集，其中，前者涵盖经济环境、交通、住房、绿化、旅游、文化和风尚等生活环境，后者涉及政策支持环境、社会人文环境和领导管理环境等。[⑤] 牛冲槐等发现，影响人才流动和使用的各种市场因素就是人才市场环境，具体包括了人才市场体系、人才市场开发和人才市场秩序。[⑥] 牛冲槐等提出，对于科技型人才聚集效应来说，其主要的环境应该涵盖市场环境、社会环境、制度环境、经济环境、科技环境和文化环境等。[⑦] 在分析经济环境构成要素基础上，学者们具体探讨了经济环境对科技型人才聚集效应的影响，主要分为经济体制、产业集聚、经济发展水平和风险投资四个方面。牛冲槐等认为，科技型人才聚集效应产生与提升的重要影响因素就是社会环境、社会阶层与社会流动、教育政策与社会保障等。[⑧] 唐朝永等认为，制度因素、文化因素、组织结构、信息沟通渠道、资源配置因素和领导风格都是影响科技型人才聚集系统的因素。[⑨]

---

① Laing D, Palivos T P. Learning, matching and growth [J]. Review of Economic Studies, 1995 (62)：115 – 129.

② 唐朝永，师永志. 科技型人才聚集效应的支持系统研究 [J]. 太原科技，2010 (3)：37 – 39.

③ 沈荣华. 人才强国：国家发展战略的深化 [J]. 中国人才，2007 (9)：1.

④ 刘丽，杨河清. 首都地区人才发展环境研究 [J]. 中国人力资源开发，2006 (12)：17 – 20.

⑤ 王建强. 区域人才竞争力评价指标体系设计 [J]. 中国人才，2005 (15)：26 – 27.

⑥ 牛冲槐，张永胜. 科技型人才聚集环境及聚集效应分析：市场环境对科技型人才聚集效应的影响分析 [J]. 太原理工大学学报（社会科学版），2009，27 (1)：10 – 12.

⑦ 牛冲槐，樊燕萍，张敏. 人才聚集效应系统研究 [J]. 系统科学学报，2006 (4)：99 – 103.

⑧ 牛冲槐，曹阳，郭丽芳. 科技型人才聚集环境及聚集效应分析：社会环境对科技型人才聚集效应的影响分析 [J]. 太原理工大学学报（社会科学版），2008，26 (1)：22 – 26.

⑨ 唐朝永，牛冲槐. 科技型人才聚集系统组织化与劣质化机理研究 [J]. 科技进步与对策，2016，33 (3)：146 – 150.

基于文献检索和历史资料，孙其军等实证研究北京 CBD 人才聚集的影响因素和人才环境，认为北京国际化的区位、便捷的基础设施、丰富的金融资源和传媒资源、日益发展的产业需求、深层次的文化氛围、消费时尚、政府管理水平和方式是 CBD 人才聚集的主要影响因素。① 许爱萍提出，区域科技创新人才聚集的影响因素主要是市场主导（经济发展水平、发展前景）、区位优势（地理位置、自然资源、环境资源、社会发展优势）、完善的制度体系（保障机制、人才管理相关制度、人才平台）、优越的创新环境氛围和区域良好的教育培训基础②。孙蕊等以京津冀一体化为研究对象，分析产业转移和人才聚集系统动态演进机制，主要立足于企业层面、产业层面和区域层面，认为影响人才聚集系统演进的因素从企业层面上讲是薪酬、个人归属感、成就感、工作环境、福利待遇和职业规划；产业类型、产业集群的发展水平、产业集群的规模和发展速度是产业层面的因素；经济环境、医疗环境、教育环境、生活环境和科技支撑环境是区域层面的因素。③ 王全纲等通过研究提出，高端人才流动与集聚的原始动因就是人才政策，经济格局的变迁推动着高端人才流动与集聚，社会综合环境最终决定高端人才流动与集聚的状况，高端人才流动与集聚的内涵性因素就是科技创新环境。④ 王崇锋以山东蓝色经济区为对象研究发现，科技型人才自身的素质条件、聚集区域科技资源的投入水平、经济发展和生活环境状况会影响山东省蓝色经济区科技型人才聚集效应。⑤ 张杰等提出，当前 CBD 区域专业人才呈现出季度匮乏的紧迫现实，通过对北京 CBD 人才发展的实证研究表明，CBD 区域人才聚集的影响因素包

---

① 孙其军，王詠. 北京 CBD 人才聚集的影响因素及对策研究 ［J］. 人口与经济，2008（5）：25－31.

② 许爱萍. 区域科技创新人才聚集驱动要素分析 ［J］. 科技与经济，2014，27（6）：81－85.

③ 孙蕊，温孝卿. 京津冀一体化背景下产业转移和人才聚集系统动态演进机制 ［J］. 社会科学家，2015（8）：64－68.

④ 王全纲，赵永乐. 全球高端人才流动和集聚的影响因素研究 ［J］. 山西农业大学学报（社会科学版），2010，9（2）：189－194.

⑤ 王崇锋. 山东半岛蓝色经济区科技人才聚集效应实证研究 ［J］. 科技管理研究，2014（12）：100－105.

括产业环境因素、社会环境因素和人才环境因素三个方面。[①]

（2）具体因素层面。国外学者提出，影响劳动力迁移的首要因素是工资差异。布朗等（Brown et al.）认为，硅谷能聚集大量的人才，原因主要在于面对面交流频繁和富有活力的知识生态。[②] 巴利沃斯等（Palivos et al.）认为，人才进入企业的重要影响因素是政府政策、区域公共资源供应和薪酬水平。[③] 泰勒等（Taylor et al.）提出，企业获取人才的重要影响因素是消费者观念、企业家能力和观念、市场机会、供应者和潜在竞争优势等。[④] 基于组织吸引力的相关研究，图尔班等（Turban et al.）提出，组织对人才具有吸引力是组织能够实现人才聚集的前提和基础，涵盖了组织的学习培训制度、组织特性、职业发展、报酬制度和工作特性等。[⑤]

国内学者，如张永红等基于维度层次结构的视角，分别探讨了交易型领导行为、变革型领导行为和家长式领导行为对科技型人才聚集效应的作用机理，其中，变革型领导对科技型人才聚集效应的积极影响更强。[⑥] 朱杏珍重点研究了人才集聚过程中的羊群心理，结果表明，信息收集过程和投资行为过程是羊群行为发生的两个重点阶段，因为前一个阶段是所有投资者的信息获取能力不同，而后一个阶段是高不确定性阶段。[⑦] 基于政府在科技型人才聚集中的作用，牛冲槐等提出，在科技型人才聚集中，政府起到了四个方面的作用：科技型人才的流向、流速由政策引导调控；基于制度供给和基础建

---

① 张杰，蒋三庚. 中央商务区（CBD）人才聚集因素分析：产业发展与对策建议［J］. 首都经济贸易大学学报，2009（2）：80 – 85.

② Brown J S, Paul D. Mysteries of the region：knowledge dynamics in Silicon Valley from the Silicon Valley edge［M］. California：Stanford University Press, 2000.

③ Palivos T, Wang P. Spatial agglomeration and endogemous growth［J］. Regional Science and Urban Economics, 1996, 26（6）：645 – 669.

④ Taylor L, Taylor R. Aggregation, migration and population mechanics［J］. Nature, 1977, 265（5）：415 – 421.

⑤ Turban D B, Keon T L. Organizational attractiveness：an integarationist perspective［J］. Journal of Applied Psychology, 1993, 78（2）：184 – 193.

⑥ 张永红，牛冲槐. 领导行为对科技型人才聚集效应的影响［J］. 科学管理研究研究，2012（3）：101 – 104.

⑦ 朱杏珍. 人才集聚过程中的羊群行为分析［J］. 数量经济技术经济研究，2002（7）：53 – 56.

设，完善人才聚集制度环境和科技型人才供给基础；基础设施建设极为重要；适度干预人才聚集过程，将科技型人才市场化配置效率提高。① 从不同主体入手分析，李鑫认为，创新型人才培养需要几大主体的支持，如高校提供基础教育、企业提供实体条件、政府提供政策支持、社会提供和谐氛围。② 潘康宇等提出，区域人才聚集现象发生的根本原因是经济发展，区域经济发展中期，人才聚集围绕产业结构进行，以市场为主导的人才聚集方式逐步建立。③ 从生态学视角，陈晓瑜等利用熵权可拓模型研究山西省人才聚集预警，结果表明，山西省人才聚集预警度出现好转的促进因素为社会生态因子、经济生态因子、制度生态因子，而人才聚集平衡性发展的阻碍因素则是文化生态因子和教育生态因子。④ 以中部和江浙沪地区为例，蒋晓光等利用面板数据构建固定效应模型，分析九省市人才聚集与经济发展水平的相关性，结果表明，经济发展水平显著促进人才聚集。⑤ 牛冲槐等具体分析区域文化和科技型人才聚集效应的关系，提出一定地域空间的文化就是区域文化，在一定区域文化下，区域企业可以影响科技型人才的聚集效应。⑥ 郭丽芳等从知识管理理论出发，认为知识背景冲突，包括理论知识背景冲突、实践经验背景、文化背景，都会对科技型人才的聚集产生消极影响。⑦ 唐朝永提出，人才聚集效应的重要影响因素还有信任和知识转移，企业间知识转移、人才聚集效应的产生受契约信任和友好信任影响较大，而二者对知识转移及人才聚集的

---

① 牛冲槐，贺召贤，张永红. 政府在科技型人才聚集中的作用研究 [J]. 技术经济与管理研究，2010 (6)：94 - 97.

② 李鑫. 城市建设中的创新型人才聚集的作用及参与要素分析 [J]. 品牌，2015 (4)：162.

③ 潘康宇，赵颖，李丽君. 人才聚集与区域经济发展相关性研究——以天津滨海新区为例 [J]. 技术经济与管理研究，2012 (10)：104 - 107.

④ 陈晓瑜，牛冲槐. 生态学视角下基于熵权可拓模型的山西省人才聚集预警研究 [J]. 科技管理研究，2016 (6)：93 - 97.

⑤ 蒋晓光，李理. 经济发展水平对人才聚集的影响分析：以中部和江浙沪地区为例 [J]. 当代经济，2014 (23)：103 - 105.

⑥ 牛冲槐，王燕妮，赵彩艳，等. 区域文化对科技型人才聚集效应的影响分析 [J]. 生产力研究，2009 (21)：185 - 187.

⑦ 郭丽芳，牛冲槐，李若瑶. 科技型人才聚集中知识背景冲突的消减及聚集效应研究 [J]. 生产力研究，2011 (2)：47 - 49.

积极影响受能力信任影响较大。① 王聪等分析了社会资本（认知维度、关系维度、结构维度）对人才聚集的影响。② 基于知识理论，牛冲槐等发现，人才聚集效应受异质性知识背景影响较大。③ 此外，在牛冲槐等看来，科技型人才聚集效应支持能力评价指标体系包括了政策引导力、经济状况、文化因素、区域科技环境、人才的知识创造水平五个方面的内容。④ 张敏等通过对人才聚集效应影响要素的聚类分析发现，人才规模、人才配置、激励因素是人才聚集效应的三大关键成功要素，当人才规模达到并超过一定规模，三大关键成功要素会相互作用、不断优化，从而使人才聚集效应总体呈现出一定的波浪上升过程。⑤

1.2.2.2　人才聚集的作用分析

大多数学者在研究人才聚集作用时，都会基于以下角度：人才聚集与经济发展、人才聚集与知识溢出、人才聚集与产业集聚等。

（1）人才聚集与经济发展。关于人才聚集对经济发展的作用，较多学者都进行了探讨。他们认为，对于地区专业分工和国际贸易提升而言，人才聚集的促进作用巨大，而且还在一定程度上提升企业的创新效率、促进区域经济发展。戈茨等（Goetz et al.）指出，人力资本集聚对经济增长的贡献是巨大的，但是当前的研究一般都会低估。⑥ 基于几个地区的对比研究，罗滕伯格等（Rotemberg et al.）认为，对于地区间专业化分工和贸易来说，竞争和

① 唐朝永. 信任和知识转移与人才聚集效应的关系 [J]. 中国市场，2011（48）：18 - 19.
② 王聪，牛冲槐，杨彦超. 社会资本对人才聚集的影响分析 [J]. 科技管理研究，2012（22）：145 - 148.
③ 牛冲槐，曹锐，樊燕萍. 异质性知识背景下的人才聚集效应研究 [J]. 山西农业大学学报（社会科学版），2010，9（2）：189 - 194.
④ 牛冲槐，张蔷薇. 区域科技型人才聚集效应支持能力评价 [J]. 统计与决策，2007（23）：78 - 80.
⑤ 张敏，陈万明，刘晓杨. 人才聚集效应关键成功要素及影响机理分析 [J]. 科技管理研究，2009（8）：494 - 497.
⑥ Goetz S J, Hu D Y. Economic growth and human capital accumulation: simultaneity and expanded convergence tests [J]. Economics letters, 1996, 51（3）: 355 - 362.

人力资本集聚的重要性不言而喻。① 巴拉等（Bala et al.）构建了人力资本集聚模型，并对该模型的时空特性进行了分析。② 罗默（Romer）是新经济理论的代表人物，其认为，经济持续增长的动力源泉就是科学技术人员的数量与质量，聚集经济发展的前提就是人才聚集。国内学者，如廖诺等基于"人才集聚—人才资本—经济增长"的人才经济价值转化链，分析了1990～2014年东莞数据，发现人才集聚水平能促进人才资本贡献率的提升。③ 以山东半岛蓝色经济为例，张槶槶等认为，海洋科技人才的支撑极为重要，因为人才聚集表现出的效应体系极为独特，包括技术效应、协同效应、综合效应。④ 以中原经济区为例，贾冀南等主要剖析该区的人才聚集现状，并结合灰色关联度和城市流强度模型提出了中原经济区优先发展的三级增长极。⑤ 刘兵等通过研究发现，人才聚集在涌现阶段、突变阶段、协同阶段及运行阶段都会对新兴工业区的区域发展产生重要的作用。⑥

（2）人才聚集与产业聚集。在人才聚集与产业集聚关系方面，汪华林提出，产业集群发展的基础保障就是人才聚集，主要是因为人才聚集支持了产业聚集的需要，而且也能促进集群专业化生产、增强集群竞争力、实现集群区域社会化协作和集群技术创新。⑦ 一个地区的竞争力主要体现在产业聚集和人才聚集两个方面，而且这两者之间具有较为复杂的互动关系。主要原因在于，人才聚集就意味着人力资本、知识存量较多，知识更新速度较快，这

---

① Rotemberg J J, Saloner G. Competition and human capital accumulation: a theory of interregional specialization and trade [J]. Regional Science and Urban Econmicis, 2000, 30 (4): 373 –404.

② Bala V, Sorger G. A spatial – temporal model of human capital accumulation [J]. Journal of Econmoci Theory, 2001, 96 (1/2): 153 –179.

③ 廖诺，赵亚莉，等. 东莞市人才集聚对经济增长的杠杆效应：来自产业结构和人才效能视角的解释 [J]. 科技管理研究，2016, 36 (19): 159 –164.

④ 张槶槶，朱庆林. 海洋科技人才集聚促进山东半岛蓝色经济增长的效应研究 [J]. 东岳论丛，2011, 32 (9): 143 –147.

⑤ 贾冀南，杨丽倩. 人才集聚视角下的中原经济区增长极培育研究 [J]. 华东经济管理，2016, 30 (4): 68 –73.

⑥ 刘兵，苏姗姗，郭然. 新兴工业区人才聚集动态演进路径研究 [J]. 科技进步与对策，2010 (15): 119 –122.

⑦ 汪华林. 人才聚集：发展产业集群的基础保障 [J]. 经济问题探索，2004 (12): 104 –106.

样能吸引更多的物质要素向其运动，聚集区的企业得以不断扩大，并不断吸引聚集区外的企业，实现产业聚集。同样地，张樨樨认为，人才聚集与产业聚集两者之间联系紧密，一旦特定区域有了产业聚集，则马上会吸引人才的聚集，为此，对我国高技术产业聚集发展来说，首先提升人才的聚集水平大为必要。① 李乃文等认为，区域经济的发展需要产业集群的发展。借助于完善的基础设施、较高的薪酬、良好的生活条件，能够形成强大的人才流入拉力，从而实现人才集群。② 而且，多个主体共同作用才最终形成了产业集群的人才集群，其涵盖微观、中观、宏观三个层次。具体来看，微观层次特指企业、中观层次特指产业、宏观层次特指市场和政府，在三个层次主体的共同作用下，产业集群和人才集群互动才得以形成。

（3）人才聚集与知识溢出。牛冲槐等提出，在聚集时，科技型人才的作用主要是知识溢出主体和知识接收主体，而且宽泛性、随时性、集中性、动态性等是溢出内容的明显特征。③ 与之相似，杨玲提出，人才聚集的重要效应特征之一就是知识溢出，在同一区域聚集大量具有不同知识存量的人才时，知识溢出效应便应运而生。④ 吴鹏跃等认为，产业聚集会产生科技人才聚集，由此，知识溢出效应出现。⑤ 为此，基于层次分析法的分析发现，宁波市政府及科研单位的知识溢出效应较好、企业单位的知识溢出效应不良，而科技人才知识溢出的主要影响因素是运行效率、知识成果产出、资源共享、内部人际交往等。在牛冲槐等看来，科技型人才聚集的两大特征效应是知识溢出和信息共享，而且，信息共享效应、知识势差和知识溢出效应三者的势能与

---

① 张樨樨. 我国高技术产业集聚与高技术人才集聚互动关系的建模研究［J］. 科技进步与对策，2010，27（11）：72－75.
② 李乃文，李方正. 产业集群与人才集群的互动关系初探：基于系统动力学的思想框架［J］. 产经评论，2011（5）：14－22.
③ 牛冲槐，王聪，郭丽芳，等. 科技型人才聚集下的知识溢出效应研究［J］. 管理学报，2010，7（1）：24－27.
④ 杨玲. 区域人才聚集下的知识溢出效应研究［D］. 太原：太原理工大学，2010.
⑤ 吴鹏跃，秦政. 产业集聚区域内科技人才知识溢出效应的实证分析［J］. 价值工程，2015，34（9）：5－7.

流向关系较为突出。①

1.2.2.3　人才聚集相关研究的述评

当前，人才聚集的相关研究热点领域是影响因素（动力因素）及引致作用分析。具体地，人才聚集的影响因素可分为系统层面和具体因素层面，前者一般会系统介绍人才聚集的影响因素，后者主要探讨各个因素对人才聚集的影响，涉及企业家能力和观念、企业工资差异、供应者和潜在竞争优势、市场机会、消费者观念等。在人才聚集作用方面，对人才聚集与知识溢出、经济发展、产业集聚等的研究较多。

1.2.3　西部地区人才聚集相关研究

1.2.3.1　西部地区人才管理相关研究

当前，关于西部地区人才管理的相关研究中，较为重要和热门的研究方向一是西部地区人才的发展现状，二是西部地区人才管理的不足与对策研究。

杨轶具体分析了西部人才队伍的数量、结构及分布状况，其认为，总量不足、结构不合理、人才效能较低是西部地区人才队伍建设方面的突出问题，培养开发的本地化和实效性不强、流动配置的市场功能难以发挥、人才激励保障配套措施不完善是人才工作方面的突出问题。为了提升西部人才的发展，要做到整体规划人才队伍建设、加强人才创新能力建设、完善人才工作的体制机制。② 陶卓等认为，创新驱动发展战略实施后，西部地区人才需求量逐年上升，人才的产业分布也逐步优化，为此，创新驱动下西部人才培养路径为加大扫盲和义务教育力度、加快职业教育发展、推进高等教育发展等方面。③ 李娴以重庆人才为例，研究发现，人才资源总量不足、人才缺口明显、供需矛盾是人才建设的主要问题，而且人才资源结构和人才政策的完善程度

---

① 牛冲槐，赵彩艳，王聪. 科技型人才聚集下信息共享效应与知识溢出效应关系研究［J］. 科技进步与对策，2009，26（19）：142-146.

② 杨轶. 基于调研统计的西部人才发展问题研究［J］. 企业经济，2015（8）：132-135.

③ 陶卓，王春艳. 人才与产业耦合：创新驱动下西部人才培养路径［J］. 科技进步与对策，2015，32（22）：141-145.

不高。分析具体原因可知，观念障碍、体制与机制障碍、社会环境障碍是主要的原因。为此，更新人才观念、确立人才意识，优化人才生态环境、实现人才工作突破，创新人才工作机制、探索人才服务模式迫在眉睫。① 戴虹宇认为，人才对于西部大开发战略的实施极为关键，但是当前西部人才开发中，观念过于落后、投入力度过小、体制不完善等问题突出。为此，人才开发观念的建立、干部素质的提升、人才机制的完善、人才评价系统的构建不可避免。② 同样地，刘翠芬等认为，制约西部民族地区跨越式发展的最大"瓶颈"就是滞后的人才队伍建设，而且，其中的突出问题有人才浪费现象严重、人才分布失衡、人才流失现象严重、人才资源的利用率有限、人才引进困难、高层次人才欠缺、结构性矛盾突出和人才总量不足等。分析可知，思想观念落后、经济待遇低下、教育发展滞后、求稳思想盛行和人才管理机制不健全等都是造成上述问题的原因。因此，西部民族地区人才队伍建设需要重视人才、创新育才机制、开发本地人力资源、营造良好的社会环境和完善引才政策等。③ 陈建林以政府为例，认为与其他地区相比，西部想要优化人才环境，其必须给人才创造条件更优惠、环境更宽松、待遇更丰厚的政策规定，同时，政策还需要围绕人力资本增量与存量、投资与积累、激励与保障三个方面进行完善。④ 吴凡通过研究西部高校发现，在人才引进政策发展路向上，西部高校应该提升人才引进政策的战略性、系统性，坚持政策的高标准和多维视野等，这样才能营造较好的政策环境。⑤

1.2.3.2 西部地区人才聚集相关研究

关于西部地区人才聚集，学者们从多角度、基于多种理论分析西部地区人才聚集的现状、导致原因并提出提升对策。如连秀云等认为，西部地区人

① 李娴. 重庆人才高地建设的现状评价与对策研究 [D]. 重庆大学，2010.

② 戴虹宇. 西部人才开发面临的桎梏及摆脱策略探析 [J]. 中国市场，2016 (21)：128 - 129.

③ 刘翠芬，张振华，房栋. 西部民族地区人才队伍建设的对策研究：以内蒙古地区为视角 [J]. 前沿，2011 (5)：169 - 172.

④ 陈建林. 西部人力资本投入的政府行为分析 [J]. 理论与实践，2005 (7)：86 - 89.

⑤ 吴凡. 西部高校人才引进政策历史演变与发展路径研究 [J]. 广西社会科学，2016 (1)：209 - 212.

力资源与人才聚集有一定的优势，如人力资源丰富，但是与西部大开发要求相比，素质和结构不相称、人才总量不足、人才结构比例严重失调等问题突出，为此，提出了人才资源开发和人才聚集的对策。① 王亚薇通过问卷调查发现，西部人力资本流动的重要阻碍因素就是基础设施落后、待遇偏低、人力资本聚集政策不完善、自然条件恶劣、自主创业环境缺乏、人力资本发展空间有限等。为此，创新文化氛围的营造、人力资本流动政策的完善、基础设施建设的改善、人力资本发展空间的拓展是极为必需的。② 基于职业教育的内容，李家祥等提出，人才培养目标定位不明确、专业设置缺少特色、办学质量较低是西部地区职业教育发展的困境。为了提升西部职业教育水平，必须要实施人才聚集战略，即转变人才观念、维护人才权益、深化教学改革、为人才培养提供保障。③ 此外，有学者研究云南的西部职业教育，提出在实施人才强国战略和西部大开发战略的过程中，人才聚集需要职业教育的支撑。为此，西部地区要做到：准确定位人才培养目标、维护人才权益、深化教育教学改革、强化优势、提高职业教育为区域经济发展服务的有效性。④ 余明远认为，西部发展瓶颈的突破要做好创新人才内生与外部聚集、实现人才量的增加和质的提升。⑤ 李鹏君认为，环境劣势和经济欠发达等因素导致了西部高校人才队伍建设的不足。为此，西部地区高等教育事业的发展必须做到：扶持重点学科、引进海外高层次人才、继续实施教育部"高层次创造性人才计划"、充分发挥学科的载体平台作用、推动团队建设。⑥

与此同时，东、中、西部的人才聚集的对比分析也是研究的热点。如孙健等对比分析东部及中西部地区人才集聚的成本与收益，结果表明，中西部

① 连秀云，毕诚.西部地区人力资源开发与人才聚集对策［J］.教育研究，2000（9）：9 - 14.
② 王亚薇.西部人才的流失与人力资本聚集机制的研究：以中石化西北公司为例［D］.长春工业大学，2010.
③ 李家祥，陈红平.试论西部职业教育发展的人才聚集战略［J］.教育探索，2008（12）：66 - 67.
④ 陈红平，王加林.西部职业教育有效发展的人才聚集策略：以云南省为例［J］.成人教育，2009（9）：49 - 50.
⑤ 余明远.和谐视野下西部人才内生与聚集机制创新思考［J］.成人教育，2009（6）：74 - 75.
⑥ 李鹏君.西部高校应立足重点学科建设打造高层次人才聚集平台［J］.中国高校师资研究，2014（5）：13 - 15.

地区人才集聚的主要诱因并不是工资收入状况，而是财政支出的影响，人才集聚的收益远远大于成本。① 基于灰色系统预测法，张樨樨对比分析了东部与中西部，发现人才聚集会带来就业压力、缩小行业收入差距；与东部相比，中西部地区人才聚集水平的提高对就业和行业收入差距的影响更为显著。②

1.2.3.3 西部地区人才聚集相关研究的述评

当前，学者从多角度、基于多种理论研究西部地区人才管理及人才聚集问题，较为重要和热门的研究方向有：西部地区人才管理及聚集的发展现状、西部地区人才管理及聚集不良的原因分析、西部地区人才管理及聚集的提升对策研究。此外，还有不少学者就东、中、西部的人才管理及聚集问题进行了对比分析。

1.2.4 人才聚集效应的相关研究

1.2.4.1 人才聚集效应的评价研究

对于高新技术企业的创新效率而言，其创新效率的提升需要依托人才聚集效应，因为后者有利于模仿或创新。目前，大多数学者从科技人才聚集效应出发，构建的人才聚集效应评价指标体系一般都包括创新效应、区域效应、宏观规模效应，而且越来越多的学者从宏观层面上评价科技人才的聚集效应。

牛冲槐等认为，评判人才聚集效应极为复杂、系统、模糊，为此，应从具体的特征入手来评判人才聚集效应，以揭示相互之间的联系及紧密程度，以便重点关注重要因素。③ 以我国中部六省为例，穆晓霞等基于灰色聚类评价人才聚集效应，其构建的指标体系包括五个方面——产业发展、科技发展、生活环境、经济发展、文化教育，以此为基础构建人才聚集效应评价模型，

① 孙健，陈建林，李桂玲. 我国不同地区人才集聚的成本收益分析 [J]. 经济问题探索，2007 (6)：170 – 173.

② 张樨樨. 我国东、中西部人才集聚对行业收入差距和就业影响的比较分析 [J]. 软科学，2010，24（10）：10 – 14.

③ 牛冲槐，接民，张敏，等. 人才聚集效应及其评判 [J]. 中国软科学，2006（4）：118 – 123.

实现了对评价对象的排序和分组。① 李明英等评价中部六省人才柔性流动的聚集效应，其构建的指标体系中的目标层是聚集效应，指标层是集体效应、个人自身效应，测度层是集成规模、集体学习、知识溢出、信息分享、区域空间、持续激励。② 张椤椤以北京为例，采用模糊评判方法研究其人才聚集现状。结果发现，北京的人才聚集过度且不均衡，聚集水平高的一极与水平低的一极差距悬殊，而且中等水平及低水平地区的人才营养不断被水平高的地区汲取，长此以往，两极分化的状况不可避免，会造成人才聚集的非经济性效应，为此，分流措施极为必要。③ 查成伟等提出，规模效应、知识创新效应、创新经济效应三个方面的内容共同组成了人才聚集预警指标体系。④田凌晖主要评价高校人才的聚集绩效，其对聚集指数进行编制，并且提出人才流入指数与人才流出指数之比就是人才聚集指数。当其值大于1，表明该校流入人才的质量高于流出人才的质量，人才流动处于良性状态；当其值小于1，表明该校流出人才的质量高于流入人才的质量，人才流动处于不良状态。⑤ 基于相对偏差模糊矩阵法，宋磊等评价各省份人才聚集效应，主要提出了人才聚集非均衡评价模型和指标体系。⑥ 基于长三角地区的统计数据，杨宏翔等构建了三大区域之间的人才聚集效应评价指标体系，提出产业因素、制度因素、城市级别、历史因素、区位因素等导致了城市间人才聚集效应存在显著差异。⑦

① 穆晓霞，牛冲槐. 基于灰色聚类的人才聚集效应评价研究：以我国中部六省为例 [J]. 科技管理研究，2014（1）：71 – 76.

② 李明英，张席瑞. 中部六省人才柔性流动下的聚集效应研究 [J]. 中国行政管理，2007（4）：43 – 45.

③ 张椤椤. 我国人才集聚预警机制研究 [J]. 云南财经大学学报，2010（1）：152 – 160.

④ 查成伟，陈万明，唐朝永，等. 区域人才聚集预警模型研究：以江苏省为例 [J]. 科技进步与对策，2014，32（16）：152 – 156.

⑤ 田凌晖. 高校人才集聚绩效评价方法探析：集聚指数的编制与应用 [J]. 教师教育研究，2007，19（2）：45 – 49.

⑥ 宋磊，牛冲槐，黄娟. 我国各省人才聚集效应非均衡评价研究：基于相对偏差模糊矩阵法 [J]. 科技进步与对策，2012，29（16）：103 – 109.

⑦ 杨宏翔，余斌斌. 区域一体化进程中人才集聚效应的评价研究 [J]. 石河子大学学报（哲学社会科学版），2014，28（1）：63 – 70.

1.2.4.2　不同区域人才聚集效应的对比研究

当前，关于人才聚集的研究热点还包括不同区域人才聚集效应的对比分析。张同全等在提出制造业基地人才聚集效应评价指标体系的基础上，对比分析了长三角、珠三角和胶东半岛三大制造业基地的人才聚集效应。[①] 牛冲槐等比较了硅谷和中关村的人才聚集效应及环境，分析了人才聚集效应的各种影响因素，并提出中关村人才聚集效应的提升对策。[②] 王勇实证研究发现，江苏不同的地级市之间，科技人才聚集效应的差异是较为明显的。[③] 牛冲槐等在分析了科技型人才聚集效应特征之后，提出该类人才的聚集效应评价指标体系，并通过评价山西省 11 个地级市发现，人才聚集效应水平最高的是太原市，第二梯队包括了晋中、运城、晋城、临汾、沂州，第三梯队涵盖长治、阳泉、朔州、吕梁、大同。[④] 牛冲槐等运用灰色关联投影模型，研究中部六省份的科技型人才聚集效应，结果表明，湖北省、河南省、安徽省、湖南省、山西省和江西省的科技型人才聚集效应由强到弱。[⑤]

1.2.4.3　人才聚集效应的提升对策研究

（1）微观层面。微观层面的人才聚集效应提升对策研究主要包括以下两方面内容。

第一，其他区域人才聚集效应的提升对策。在衡量河北省人才聚集程度的基础上，方守林等认为，河北省人才聚集环境的优化措施包括人才流动、人才引进、人才服务、人才激励、人才培养五个方面，是一个系统工程，需

① 张同全，王乐杰. 我国制造业基地人才集聚效应评价：基于三大制造业基地的比较分析 [J]. 中国软科学，2009（11）：64－71.

② 牛冲槐，江海洋. 硅谷与中关村人才聚集效应及环境比较研究 [J]. 管理学报，2008，5（3）：396－400.

③ 王勇. 科技人才集聚效应的实证研究：基于三大制造业基地的比较分析江苏的数据 [J]. 科技管理研究，2011（5）：154－157.

④ 牛冲槐，王秀义，杨春艳. 山西省地级市科技型人才聚集效应的实证研究 [J]. 科技进步与对策，2012，29（2）：149－153.

⑤ 牛冲槐，黄娟，李秋霞. 基于灰色关联投影模型的科技型人才聚集效应测度：以中部六省为例 [J]. 科技进步与对策，2013，30（1）：150－154.

要完善服务机制等，同时加强人才培养。① 基于协同动力学的相关研究，梁林等研究曹妃甸新区的人才聚集演化路径，其提出，曹妃甸人才制度体系必须创新，这样才能优化人才服务环境，提高服务质量。② 基于人才聚集效应角度，牛冲槐等评价青岛市的科技人才聚集环境，结果表明，人才聚集现象和人才聚集效应能否出现的关键因素就是人才聚集环境的好坏。为此，应该改善科技型人才聚集环境，包括和谐的政治制度的建立、人才市场运行机制的完善、区域经济环境的优化、科技创新环境和教育环境的优化。③

第二，其他理论的启示。唐朝永等认为，外部作用机制方面，人才制度建设的加强、产业结构的优化、区域文化建设的加强极为重要，内部作用机制则涵盖企业组织文化建设的加强、创新氛围的改善、动态绩效考核机制的建立、心理资本水平的提升。④ 芮雪琴等研究科技人才聚集与区域经济发展的适配性，结果表明，两者协调发展是极为重要的，为此，区域科技人才聚集规模的合理调整、优化人才聚集结构、提高科技人才聚集水平和效应关系重大。⑤ 基于多层次激励数学模型，牛冲槐等研究激励系统与人才聚集效应的相互关系，结果表明，如果投入激励总成本一定，则激励措施应该做到分类别、有差别、分层次，同时，竞争、团结、友爱、互助的激励氛围营造不可避免，此外，激励的投入应该多样化。⑥ 借鉴产业聚集指数，芮雪琴等研究科技人才聚集的区域演化对区域创新效率的影响，结果显示，经济较发达的北上广等地区，科技人才过度聚集的问题突出，需要合理引导科技人才的流动、科技人才的创造性与积极性需要得到激发。在经济欠发达的地区，需

---

① 方守林，唐飞. 河北省人才聚集机制研究 [J]. 合作经济与科技，2016 (2S)：150 - 152.

② 梁林，刘兵，李媛. 我国区域人才聚集良性演化路径探究：以曹妃甸新区为例 [J]. 科技进步与对策，2015，32 (2)：45 - 52.

③ 牛冲槐，高祖艳，王娟. 科技型人才聚集环境评判及优化研究 [J]. 科学学与科学技术管理，2007 (12)：127 - 133.

④ 唐朝永，牛冲槐. 人才聚集系统劣质化机理研究 [J]. 系统科学学报，2015，23 (2)：57 - 60.

⑤ 芮雪琴，李亚男，牛冲槐. 科技人才聚集与区域经济发展的适配性 [J]. 中国科技论坛，2015 (8)：106 - 110.

⑥ 牛冲槐，李乾坤，樊艳萍. 人才聚集效应下的多层次激励系统研究 [J]. 统计与决策，2009 (19)：164 - 166.

要落实积极的人才政策、制定有效的激励机制、增强区域环境对创新人才的吸引力，高水平人才的引进和培养是促进区域知识共享和创新效应实现的重要途径。① 查成伟等提出，为促进高技术产业发展，应从国家和产业层面进行强化，而且政府需要健全聚才机制，提升高技术产业人才聚集力，这样才能促进人才聚集效应与产业技术创新的协同共生。② 通过内容分析，刘兵等提取出人才聚集的影响因素，并划分了人才聚集驱动的三类模式，即主流型、中间型、弱势型，并提出，改善区域生活环境对人才聚集的关键作用，改变文化保障、人才流动、科技人才和政策创新等因素的弱势地位意义巨大。③

（2）宏观层面。牛冲槐等认为，人才流动是人才聚集效应产生的前提条件，为此，需要促进人才聚集现象向人才聚集效应转变。具体来看，要做到人才管理体制的改革、户籍管理制度的改革、人才流动信息的畅通、宽松环境的构建。④ 牛冲槐等提出了促进人才聚集效应的主要对策，首先就是思想观念的转变、正确人才观的建立，积极的人才流动政策的制定，人力资本市场的发展，人才聚集环境的优化，最终将人才聚集现象变为人才聚集效应。⑤ 在研究人才聚集现象与聚集效应质量互变关系之后，张洪潮等认为，只有建立健全人力资本市场、优化人才聚集环境、遵守人才聚集效应系统质量互变规律，才能最终提升聚集效应的质量。⑥ 基于人才聚集效应成熟度模型和组织内外部环境，张体勤等提出，知识型组织人才聚集的战略体系的目标是提

---

① 芮雪琴，李亚男，牛冲槐. 科技人才聚集的区域演化对区域创新效率的影响［J］. 中国科技论坛，2015（12）：126－131.

② 查成伟，陈万明，唐朝永，等. 高技术产业科技人才聚集效应与技术创新协同研究［J］. 科技进步与对策，2015，32（1）：147－152.

③ 刘兵，梁林，李嫄. 我国区域人才聚集影响因素识别及驱动模式探究［J］. 人口与经济，2013（4）：78－88.

④ 牛冲槐，张敏，张洪潮，等. 人才聚集效应研究［J］. 山西高等学校社会科学学报，2006，18（2）：16－19.

⑤ 牛冲槐，张敏，段治平. 人才聚集现象与人才聚集效应分析及对策［J］. 山东科技大学学报（社会科学版），2006，8（3）：13－17.

⑥ 张洪潮，牛冲槐. 人才聚集现象与聚集效应质量互变系统研究［J］. 中国流通经济，2006（11）：53－56.

高知识型组织人才聚集能力、核心是和谐知识团队建设、保障是人才制度体系建设。①

1.2.4.4 人才聚集效应相关研究的述评

人才聚集效应的研究成果较多，学者们的研究视角多样，且多探讨人才聚集效应评价、不同区域人才聚集效应的对比分析、人才聚集效应的提升对策等。综合分析可知，人才聚集效应评价指标体系的构建一般都涵盖宏观规模效应、区域效应、创新效应三个角度，且侧重于评价宏观科技人才聚集效应。此外，提出人才聚集效应的对策也是研究的热点，学者们从宏观和微观角度提出了多样的对策建议。

1.3 研究内容与研究方法

1.3.1 研究主要内容

本书的研究共有 7 章，具体内容如下。

第 1 章为导论。主要阐述本书研究的背景、目的、意义，并对创新人才、人才聚集、西部地区人才聚集、人才聚集效应等相关内容进行文献综述。在明确现有研究成果的基础上，介绍本书的研究内容、创新点、研究方法及技术路线。

第 2 章为理论基础及相关概念。本章主要介绍本书的理论基础及相关的概念，包括详细论述本书写作的理论基础——人力资本理论、人才流动相关理论、人口迁移相关理论以及协同学理论，并且，就每个理论对本书的启示进行详细说明；然后，界定相关概念，包括人才、创新、创新人才、西部地区创新人才聚集效应等概念。

第 3 章为西部地区创新人才聚集效应的形成机理。本章阐述西部地区创

---

① 张体勤，刘军，杨明海.知识型组织的人才集聚效应与集聚战略 [J].理论学刊，2005 (6)：70 – 72.

新人才聚集效应的形成基础、形成诱因和形成路径。其中，西部地区创新人才聚集效应的形成基础应该包括五大子效应——规模效应、知识共享效应、集体学习效应、创新网络效应、地区品牌效应，而且，这些子效应之间也具有一定的相互关系。影响西部地区创新人才聚集效应的形成诱因主要有主体诱因和环境诱因，西部地区的政府、企业、高校及科研机构、其他组织等是西部地区创新人才聚集效应形成的主要主体，而涉及的环境诱因则涵盖社会生活因素、教育科技因素、经济发展因素、人才服务因素、人文文化因素等。分析西部地区创新人才聚集效应形成的系统路径可知，政府、企业、高校及科研机构、其他组织等主体诱因通过强化西部地区创新人才聚集效应形成的环境因素，最终借助创新网络效应、集体学习效应、知识共享效应、规模效应、地区品牌效应这五个子效应，实现西部地区创新人才聚集效应的形成。

第 4 章为西部地区创新人才聚集效应的影响因素。首先，通过内容分析法进行探索性内容分析和结构性内容分析，得到西部地区创新人才聚集效应初始影响因素编码表。其次，通过问卷调查法，采用 Ridit 分析对 54 个初始影响因素进行进一步筛选，提取出西部地区创新人才聚集效应的 39 个正式影响因素，可聚合到社会生活、教育科技、经济发展、人才服务、人文文化五个层面。再次，采用灰色关联分析法识别出西部地区创新人才聚集效应的主要影响因素，且每个指标与西部地区创新人才聚集效应的灰色关联度都高于 0.9。最后，进行西部地区各省份创新人才聚集效应影响因素的差异性分析，旨在了解西部地区 10 个省份在创新人才聚集效应影响因素方面的具体区别。

第 5 章为西部地区创新人才聚集效应的综合问题，依托第 3 章、第 4 章和第 5 章的内容，提出西部地区创新人才聚集效应三大问题分别为：创新人才聚集效应整体不断提升，各省份之间各具特色；环境因素对创新人才聚集效应的影响水平不一；各省份创新人才聚集效应主体的协同作用不佳。分析第一个问题可知，从整体上看，随着时间的推进，2011～2015 年，西部地区10 个省份（陕西、甘肃、宁夏、青海、新疆、西藏、云南、贵州、四川和重庆）的创新人才聚集效应都在不断好转，但是 10 个省份的创新人才聚集效应水平存在显著差异，明显出现了好、中、差三个等级。分析第二个问题可知，环境因素对各省份创新人才聚集效应的影响出现阶梯化现象，而且各省份创新人才聚集效应的影响因素表现不均衡。分析第三个问题可知，各省份创新人才聚集效应主体的作用方式没有充分发挥，而且各主体的协同平台尚未完善。

第6章为西部地区创新人才聚集效应的提升路径。本章主要针对西部地区创新人才聚集效应的提升提出相应的对策建议。在回顾西部地区创新人才聚集现有做法的基础上，构建西部地区创新人才聚集效应提升的路径图，从人才服务环境的完善、社会生活环境的改良、教育科技环境的提升、经济发展环境的优化、人文文化环境的打造五个方面提出西部地区创新人才聚集效应提升的整体对策，进一步地，分省份提出各省份创新人才聚集效应提升的具体对策。

第7章为结论与展望。总结全书的结论并对此次研究的不足和局限性进行思考，提出相应的研究展望。

1.3.2 研究方法

（1）文献分析法。主要是对创新人才、人才聚集、西部地区人才管理等相关文献内容进行客观、系统、量化分析。

（2）问卷调查法。遵循问卷设计的基本原则，编制《西部地区创新人才聚集效应的评价指标体系调查问卷》《西部地区创新人才聚集效应影响因素的调查问卷》，以求实现对西部地区创新人才聚集效应的水平评价及影响因素研究。

（3）案例研究法。使用案例研究法主要是以西部地区10个省份（陕西、甘肃、宁夏、青海、新疆、西藏、云南、贵州、四川和重庆）进行西部地区创新人才聚集效应的评价研究、影响因素研究、影响模式研究及提升对策研究。

1.4 技术路线与创新点

1.4.1 技术路线

本书研究的技术路线如图 1 – 1 所示。

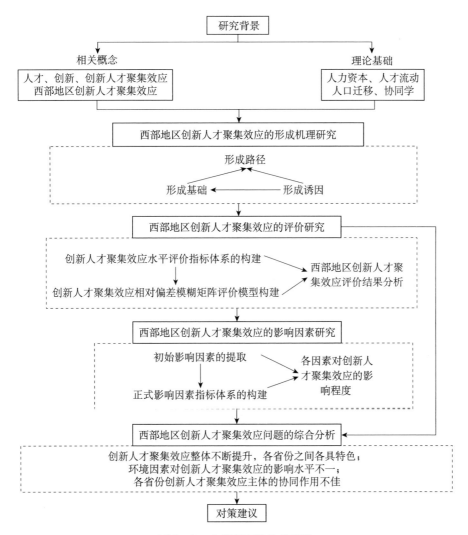

图 1 – 1 本书研究的技术路线

基于"提出问题—分析问题—解决问题"这一逻辑思路，系统研究西部地区创新人才聚集效应。在回顾相关理论及界定相关概念之后，首先，分析西部地区创新人才聚集效应的主要内容及生成过程。基于西部地区创新人才聚集效应的主要内容，实现对 2011～2015 年西部地区创新人才聚集效应的评价研究。其次，构建西部地区创新人才聚集效应的主要影响因素指标体系，明确各因素对创新人才聚集效应的具体影响程度。综合评价研究和影响因素研究，对西部地区创新人才聚集效应问题进行综合分析，提出西部地区创新人才聚集效应四大问题。最后，构建西部地区创新人才聚集效应提升的路径图，从人才服务环境的完善、社会生活环境的改良、教育科技环境的提升、经济发展环境的优化、人文文化环境的打造五个方面提出西部地区创新人才聚集效应提升的整体对策和各省份具体的提升路径。

1.4.2　创新点

在分析人力资本理论、人才流动理论、人口迁移理论及协同学理论的基础上，结合定性与定量研究方法，系统研究西部地区创新人才聚集效应。本书研究主要目标是评价西部地区创新人才聚集效应、研究西部地区创新人才聚集效应的影响因素、综合分析西部地区创新人才聚集效应的问题，并最终提升西部地区创新人才聚集效应。具体来看，本书的创新点为以下三个方面。

（1）构建西部地区创新人才聚集效应的评价指标体系及评价模型，实现对西部地区创新人才聚集效应的评价研究。在系统分析西部地区创新人才聚集效应主要内容以及生成过程的基础上，通过文献研究和问卷调查构建西部地区创新人才聚集效应的评价指标体系，共包含五个维度，分别为规模效应、知识共享效应、集体学习效应、创新网络效应及地区品牌效应，每个维度又包含若干个测度指标。借鉴相对偏差模糊矩阵法，构建西部地区创新人才聚集效应的相对偏差模糊矩阵评价模型，通过收集 2011～2015 年西部地区创新人才聚集效应的相关原始数据，实现对西部地区创新人才聚集效应的评价研究。此外，根据评价结果，揭示西部地区创新人才聚集效应的主要问题，包括西部地区创新人才聚集的整体效应不断提升，但是各省份创新人才聚集效应存在较大差距。

（2）构建西部地区创新人才聚集效应的主要影响因素指标体系，明确各因素对创新人才聚集效应的具体影响程度。为厘清影响西部地区创新人才聚集效应的因素，使用内容分析法及问卷调查法提取西部地区创新人才聚集效应的主要影响因素，可聚合到社会生活环境、教育科技环境、经济发展环境、人才服务环境、人文文化环境五个层面，各个层面又包含若干个二级指标。通过灰色关联分析法，得出21个主要因素与西部地区创新人才聚集效应的灰色关联度高于0.9，表明这些因素对创新人才聚集效应影响较大。

（3）明确西部地区创新人才聚集效应的综合问题。依托第3章、第4章和第5章的内容，提出西部地区创新人才聚集效应的三大问题分别为：创新人才聚集效应整体不断提升，各省份之间各具特色；环境因素对创新人才聚集效应的影响水平不一；各省份创新人才聚集效应主体的协同作用不佳。分析第一个问题可知，从整体上看，随着时间的推进，2011~2015年，西部地区10个省（陕西、甘肃、宁夏、青海、新疆、西藏、云南、贵州、四川和重庆）的创新人才聚集效应都在不断好转，但是10个省份的创新人才聚集效应水平存在显著差异，明显出现了好、中、差三个等级。分析第二个问题可知，环境因素对各地区创新人才聚集效应的影响出现阶梯化现象，而且各省份创新人才聚集效应的影响因素表现不均衡。分析第三个问题可知，各省份创新人才聚集效应主体的作用方式没有充分发挥，而且各主体的协同平台尚未完善。

第 2 章

理论基础及相关概念

2.1 理论基础

2.1.1 人力资本理论

人力资本理论的主要内容是系统论证人的知识、能力对经济增长的作用。该理论明确指出，人的质量不同，对生产所作的贡献就不同，这主要是由于较高的劳动生产率需要依靠高质量劳动力，这样才能促进生产的发展。

2.1.1.1 现代人力资本理论的形成

20 世纪以来，人力资本相关问题的研究成果开始丰富，美国经济学家费希尔（Fisher）首次提出人力资本的概念。20 世纪 30 年代，美国学者沃尔什（Walsh）提出，与物质资本一样，人力资本也是资本，只不过是劳动力知识、技能及其所表现出来的能力的凝聚，其对于经济的增长发挥着至关重要的作用。而且，人力资本具有经济价值，在分析高中和大学教育在经济上是否有利的问题时，可以借助教育效益的分析方式。加尔布雷斯（Galbraith）是新制度学派的代表人物，其认为，大量受过训练的人能较好地开展现代经济活动，为此，投资人和投资物质资本的重要性是等同的，对教育和科学的投资能从根本上决定资本的改善或技术的进步。

第二次世界大战之后，人力资本理论形成，这一理论的形成得益于越来越多的学者进行现代人力资本理论的研究。其中，20 世纪 50 年代末 60 年代初，美国芝加哥大学的舒尔茨（Schultz）连续发表重要文章，阐述人力资本理论的相关内容，成为该领域最重要的代表人物。舒尔茨不仅第一次明确阐述人力资本投资理论，而且在研究人力资本形成的方式与途径、教育投资的收益率和教育对经济增长的贡献等方面的贡献斐然。此后，运用实证计量方法证明经济增长中人力资本作用的是德恩森（Denlson）。美国经济学家明瑟（Mincer）基于收入分配的相关内容，建立个人收入分析与其接受培训量之间关系的经济数学模型，而且验证了劳动者收入差别与接受教育和获得工作经验长短的关系。此后，人力资本与人力资本的投资、人力资本的性质、人力资本的投资行为等一系列的研究成果都由贝克尔（Becker）系统阐述。

1956 年，在结合严谨的经济数学模型之后，一大批经济学家提出了以人力资本为核心的经济增长模型。如唔扎瓦扎（Uzawza）提出了包含教育部门和生产部门的两部门模型，改变了索洛单纯生产部门模型。1986 年，为了证实技术进步的内生化，罗默（Romer）提出罗默模型。1995 年，卢卡斯（Lucas）建立人力资本积累模型，该模型同时强调了人力资本的重要性以及外部溢出效应对人力资本积累的作用。

2.1.1.2　人力资本的相关内涵

人力资本投资的范畴涉及内容较广，包括所有能够提高劳动者素质、能力、知识、技能和健康的支出，而且人力资本投资能形成人力资本存量。一般而言，卫生保健投资、培训投资、教育投资、迁移投资等共同构成了人力资本投资。其中，人力资本投资的核心组成部分就是教育投资，其是人力资本最基本的要素。健康投资不仅能提高人的平均寿命，增加社会中人力资本存量，更为重要的是，劳动者的体质由于健康投资而不断提升，由此单位时间内的劳动能力和效率可以实现更大的飞跃。当前，企业各级管理者充分重视在职培训投资，因为其能提高员工的素质和能力。舒尔茨认为，劳动者寻找发挥最佳劳动力效率条件的活动就是劳动者合理迁移，对人力资本的形成产生重要影响，能增加人力资本存量。

2.1.1.3 人力资本的空间聚集

分析人力资本的空间聚集可知，其有特别突出和明显的特点：首先，具有时间的阶段性，经历了萌动期、加速期、繁荣期和停滞期；其次，具有空间的变动性，经历了聚集地域类型变动、聚集地域层次变动、聚集地域指向变动；最后，空间聚集的路径具有多样性，人力资本空间聚集的本质就是人才流动之后产生的聚集，与人力资本理论的最新发展息息相关。此外，众多因素会影响人力资本的空间聚集，其中，最主要的原因就是人力资本载体的易流动性和人力资本追求收益最大化。

分析人力资本空间聚集效应可知，参与人力资本空间聚集的群体，是一种柔性生产综合体，正式与非正式关系充满活力和灵活性。对于一个快速变化的动态竞争环境而言，相对于刚性化与缺乏弹性的垂直一体化的安排，信息共享、资源互补、聚集形成竞争优势更有效率，而且对环境的变化更具适应能力。对于组织来说，人力资本聚集会对其产生诸多有利的影响，如提高组织运作效率；对于成员来说，个人的技术知识水平和创新能力会由于人力资本聚集而得到提升，同时也将拥有更好的发展机遇和空间。知识、技术密集型企业发展的内在要求就是实现人力资本的空间聚集，且这种聚集表现出很强的有序性，而非无序的、杂乱无章的。第一，层次性。在人力资本聚集的组织内部，由于知识、能力层次的差异，个体之间自身价值认同是不同的，这与个体学历有着密切的联系，但又不完全取决于学历的高低。第二，领袖带动性。组织领袖对人力资本聚集的影响很大，领袖作用明显。第三，内涵的多样性。与传统意义上的科技人员聚集相比，人力资本的聚集涵盖更多的对象。第四，虚拟性。人力资本聚集可以跨地域、跨行业、跨领域地开发和利用。

2.1.1.4 人力资本理论对本书的启示

从人力资本理论的发展过程可以看出，长期以来，理论界一直把人力资本作为一种生产要素来研究，将之与资本、劳动力要素相并列，定性和定量地分析其在产出中的作用。在人力资本理论中，人力资本对经济增长产生作用的关键是提高了人力资本的质量，既包括先天能力的获得，也涵盖后天能力的提升，而且，通过学校教育、在职培训、成人教育和"干中学"等途径，人力资本的后天能力能得到极大提升。与物力资本相比，人力资本对经济增长的作用更为明晰，两者都是一种投资，但是人力资本的投资效率要远远高于物力资本。随着知识经济时代的到来，知识成为社会的核心，人力资本所有者拥有的知识性要素成为社会发展最具决定意义的生产要素和动力，人力资本价值具有极大的可塑性、团队性。因此，对于一个区域来说，随着人力资本空间聚集的研究越来越广泛，在研究创新人才聚集的过程中，人力资本起到了基础性的作用，因为对于一个区域而言，创新人才聚集就意味着此类群体对环境的变化更具适应能力，实现了信息共享、资源互补，且竞争优势更有效率。

2.1.2　人才流动相关理论

区域人才流动的必然结果就是人才聚集，在不同区域之间，由于人才的流动与迁移，人才聚集现象产生。对于区域来说，区域人才聚集的格局随着人才的流动与迁移而慢慢形成。关于人才流动相关理论的研究，主要成果如下。

2.1.2.1　勒温的场论

美国心理学家勒温（Lewim）主要构建了个人与环境的关系公式：

$$B = f(p, e) \tag{2-1}$$

其中，人才工作成绩用 B 指代，人才所具有的才能和基本条件用 p 指代，人才所处的宏观和微观环境用 e 指代。场论认为，自身能力和拥有的各种条件、其所处的宏观和微观环境共同决定了一个人所取得的各种工作成绩，其中，外部环境的影响至关重要。

2.1.2.2　卡兹的组织寿命学说

卡兹（Katz）提出了组织寿命学说，该学说的基础就是科研组织寿命及员工流动问题，经过研究发现，组织内部信息量的多少、信息量的流动程度、该组织所取得的成果共同决定了一个科研组织的寿命。基于大量调查，卡兹曲线主要用来说明一个科研组织寿命变化的基本规律。分析科研组织的人员可知，在进入组织的 1.5 年到 5 年，其与其他同事有较多的信息沟通次数，沟通的积极性较高，能取得最多的科研成果。一旦进入组织的时间超过 5 年或不足 1.5 年，在这两个阶段，科研人员之间的信息沟通水平较低，科研成果不多。造成这一现象的主要原因是：首先，相处时间少于 1.5 年，意味着彼此之间的熟悉度不高；其次，相处时间高于 5 年，相互之间太为熟悉、新鲜感缺乏、深入交流的意愿降低，导致信息沟通水平不高。基于组织生命周期，卡兹曲线提出了人才流动的必要性。此外，人员在进行流动时也需要注意一定的原则：流动年限为间隔两年，不适宜太快。一般而言，人们真正适应一个组织并完成一个项目的时间是两年，而且 8 次是一个人一生流动次数的最高限，超过 8 次，流动效率就会大大降低。

2.1.2.3 库克曲线

人才流动的必要性由库克（Kuck）论证。库克提出，一定程度的流动能提升人的创造性。基于研究生参加工作后创造力变化情况的深入调查，库克绘制了库克曲线。研究生学习期间的创造能力增加的情况表现在曲线的第一段，说明研究生的创造能力随着学习的进行而不断提高；研究生毕业后刚开始工作期间由曲线第二段表示，由于第一次承担任务，研究生一般都会表现得较有活力，这样会提升他们的创造力；曲线第三段表示创造力达到顶峰，曲线第四段表示进入初衰期，这两段曲线很好地表现了研究生创造力慢慢下降并最终步入衰减稳定期的过程。为此，组织应该及时借助人才流动来提升和激发研究人员的创造力。

2.1.2.4 目标一致理论

日本学者中松义郎提出，群体的整体功能水平最大化的实现需要群体中的个人与群体方向一致，这样才能充分发挥个体的能力。个体在一个外界条件缺乏的组织中，或是出于心情抑郁阶段，其才华是展现不了的，而且群体不会认可和激励个体的发展途径。如果个人不能及时调整自己的方向，让自己方向与群体方向保持一致，则个体和群体的工作效率都会变得更为低下。为此，个人必须主动向组织前进方向靠近，使自己目标接近组织目标并不断保持一致。在实在无法调整自己目标的情况下，个人可以选择离开，流向一个组织目标和个人目标一致的组织。

2.1.2.5 人才流动相关理论对本书的启示

第一，对西部地区而言，人力流动所带来的"势差效应"不可忽视。创新人才流动所产生的"势差效应"就是指人才会从经济增长较慢的地区向经济增长较快的地区流动，而这一现象在知识经济时代越来越明显，这主要是因为创新人才天然地追求较好的工作与生活环境、更好地发挥自身优势。西部地区的产业结构如果不断升级及转移，则会增加对相关创新人才的需求，造成人才短缺。为此，创新人才为了获得较高的利润率，便会不断流入。

第二，对西部地区而言，人才流动所带来的"马太效应"较为重要。在不同的地区或企业间，科技生产力会不断地流动，长此以往，人才流动出现了区域聚集性，即人才流动的"马太效应"凸显。比较优势的实质是静态优势，由资源禀赋和交易条件所决定；竞争优势实质是动态优势，其形成的机制较为复杂，由多种因素综合作用形成，包括政府政策、生产要素以及科技人才配套所形成的聚集效应、人才需求状况等。由于创新人才倾向于流向科技中心，在各种动态优势因素的影响下，不同区域的创新人才会向某一特定的区域流动。随着产业聚集现象的产生，加之不同的地理位置，不同区域创新人才在流动过程中会慢慢形成区域特色，并最终通过外部规模经济而实现优势地位，创新人才竞争力得到提高。

第三，对西部地区而言，人才流动的频率和速度作用极大。社会环境能在一定程度上决定人才流动的频率和速度。在市场经济中，作为社会稀缺资源的创新人才，其流动性很强，这是由创新人才的不可替代性、高智力性、高创新性所决定的。信息时代，为了紧跟时代与知识的飞速发展，创新人才必须加快知识更新的频率和速度，而这一目标的实现需要进行学术交流，由此，创新人才流动的速度必须加快。此外，人事制度在不断进行改革和完善，导致了一些地区的创新人才流动频率和速度上升，由此可知，政策因素及社会需要的变化决定着创新人才的流动。

重新组合人力资源与生产资料、动态配置创新人才与生产条件和工作条件是创新人才流动的实质，创新人才通过流动，在现实社会中的身份实现了改变。在这一过程中，创新人才个人的潜能和自身价值得以实现、地区的人才布局和结构实现优化、人力资源与其他生产要素的配比关系实现改善，从而最终促进地区生产和经济的增长。

2.1.3　人才迁移相关理论

17 世纪，《政治算术》的作者——英国学者威廉·配第（William Petty）提出，劳动力转移主要是由收入差距引起的。此后，莱文斯坦（Raven Stein）提出了"推力—拉力"理论、刘易斯提出了"二元经济"模型，这些研究成果都极大地丰富了人才迁移的相关研究。

2.1.3.1　"推力—拉力"理论

（1）定性分析。19 世纪末，基于人口迁移的机制、结构、空间特征规律的总结，莱文斯坦提出了"推力—拉力"理论。而且，莱文斯坦认为，改善经济状况是人们进行迁移的主要目的。此后，人口迁移七大定律提出：第一，经济律。迁移是为了提高和改善生活质量。第二，城乡律。农村居民迁移可能性要大于城镇居民。第三，性别律。女性相对于男性迁移倾向更强，且迁移以短距离为主。第四，年龄律。各年龄段的人口迁移倾向不同，人口迁移的主体是青年人。第五，距离律。随着距嵌入中心距离的增加，移民的数量分布在减少。第六，递进律。中心城市吸纳乡镇人口所造成的乡镇空缺，会由乡镇周边更远地区来填补，直到中心城市的吸引力波及最偏远地区。第七，双向律。迁移的流向并非单向的，每一段主流都伴随相应逆流存在。赫伯拉（Herberla）的主要观点就是，迁入地的拉力和迁出地的推力共同促使了人口迁移的形成。在巴格内（Bagne）看来，"推力—拉力"理论应该包括 6 个拉力因素和 12 个推力因素。紧接着，利（Lee）提出，四个方面的因素会影响迁移行为：与迁入地有关的因素；与迁出地有关的因素；各种中间障碍；个人因素。

（2）定量分析。一系列量化模型存在于"推力—拉力"理论中。如美国社会学家吉佛（G. K. Zipf）认为，两地之间迁移人口与两地人口规模成正比、与两地之间距离成反比，借助"万有引力"定律之后，其提出了引力模型：

$$M_{ij} = k \frac{P_i P_j}{D_{ij}^a} \qquad (2-2)$$

其中，M_{ij} 为 i 地与 j 地之间的人口迁移量；P_i 和 P_j 分别为两地的人口规模；D_{ij} 为两地之间的距离，k 为常数，a 为距离衰减系数。该模型认为，对人口迁移起决定性作用的就是两地距离。虽然该模型能预测地区间的人口迁移数量，但是忽视迁移的动机、社会经济因素对人口迁移的影响，造成该模型的适用范围受限，且不能体现人口迁移的方向。

根据引力模型，基于 1955～1960 年美国都市地带人口迁移数据，美国人口学家劳瑞（Lowry）得出了以下模型：

$$M_{ij} = k \left\{ \frac{U_i W_j L_i L_j}{U_j W_i D_{ij}} \right\} \qquad (2-3)$$

其中，M_{ij} 表示从 i 地迁移到 j 地的移民数量；U_i 和 U_j 表示 i 地和 j 地的失业率；W_i 和 W_j 表示 i 地和 j 地的每小时制造业工资；L_i 和 L_j 表示 i 地和 j 地的非农劳动力人数；D_{ij} 表示 i 地和 j 间的距离。根据迁入地和迁出地的经济状况，劳瑞提出了经济引力模型。在该模型中，人口迁移的影响因素又添加了两地制造业工资、非农劳动力人数、失业率，这样能够强调人口迁移的经济动机。此外，结合此模型可知，两地工资和就业机会会影响人口迁移，因为人们总会从工资低的地区向工资高的地区流动，且人们总是从失业率高的地区流向失业率低的地区。

新古典经济学是"推力—拉力"理论产生的根源，此理论认为，人口空间移动的主要原因就是经济收益的差异。分析此理论的局限性可知，其假设的市场体系完善、空间迁移无障碍和信息充分在实际情况中是不存在的，相较于新古典经济学，实际上的劳动力区际迁移内容更为复杂，微观变量和非经济因素更多。

2.1.3.2　行为学派理论

基于相关的理论，行为学派加入区域性变量和个体特征之后，形成的统计模型如图2-1所示。

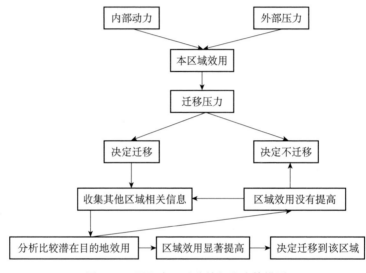

图2-1　区际人口迁移的行为决策模型

2.1.3.3　区际劳动力迁移动态模型

克鲁格曼（Krugman）提出，由于劳动力区际迁移是由工资区际差异所引起的。均衡模型和非均衡模型都是研究劳动力迁移的模型。在均衡模型看来，经济机会的差异是一种补偿，通过劳动力区际迁移，区域间的经济机会和效用的空间差异能够消除，这主要是因为劳动力迁移是高效的。在非均衡模型看来，劳动力市场的调整是极为缓慢的，所以效用差异的存在不可避免，而且存在时间会较长，这样会导致劳动力迁移。

2.1.3.4　发展经济学说中的人口迁移理论

刘易斯（Lewis）和托达罗（Todaro）是发展经济学理论的代表人物，前者提出了"二元结构论"，后者提出了"移民法则"。其中，"二元结构论"

主要探讨农业部门和工业部门之间的移民情况。由于农业部门劳动边际收益率低于工业部门的劳动边际收益率，所以刘易斯认为，为了改善自身的经济状况，人们进行跨区域流动主要是响应地区经济发展差距。

城市"充分就业"是刘易斯模型的假设条件，但是在现实中，城市的失业问题十分普通，而农村人口仍在源源不断涌入，为此，刘易斯模型的解释很难让人信服。与之相反，托达罗模型能较好地解释此现象。该模型的主要观点就是，发展中国家农村人口迁移规模继续增大的主要原因就是城乡预期收入差异扩大。

迁移人口年龄表由罗杰斯（Rogers）提出。他认为，每一个居民都是一个潜在移民，随着人的生命周期变化，迁移的概率也会相应变化。一般而言，人的一生会经历两次迁移高峰：一次是因就业而发生迁移，一般发生在 15～34 岁；另一次是退休后，离开原来工作的地方，到其他地方养老而发生迁移。

除此之外，大量研究基于空间经济学视角，这些研究大多表明，地区之间的工作机会和工资水平由于产业结构调整而发生变化，从而由此产生的收入差距会导致人口迁移。在美国，影响人口区际迁移流动的方向及数量规模的最为主要的原因就是调整经济结构。传统制造业集中的地区由于美国经济结构的调整而出现衰落，西部与东南部地区由于新兴产业比较集中，所以其经济走向繁荣，区际经济发展格局巨大，由此导致人口迁移流向变化巨大。由此，当前主要的迁移模式就是人口向东部地区集聚，造成区域经济发展不均衡。人口迁移研究应同时关注人口集聚与区域经济发展不平衡、人口集聚与人口迁移的内在联系等。

2.1.3.5　人才迁移相关理论对本书的启示

经济分布的法则是人才迁移必须遵循的法则，因为人才地理分布的本质就是经济地理分布，呈现出一定的经济布局的情况，人才开发的空间布局和人才迁移的频率和规模都是由地域的经济开发过程所决定的。在人力资源配置过程中，人才迁移往往是从贫穷地区到富裕地区，体现为一个方向的增长。人才迁移过程中，其往往向高的待遇、职位、权利、地位的地区迁移，以寻求较好的环境和条件，这一过程体现出了"趋高性"。与此同时，政治稳定地区或政治中心、文化科学中心往往也是人才迁移的目标地区。因此，对于一个地区来说，只有其市场发展环境好、研发创新前景好、创业价值较高，才能吸引大量的人才迁移到此。

2.1.4 协同学理论

2.1.4.1 协同学的产生及其核心思想

20 世纪 60 年代，协同学由联邦德国物理学家哈肯（Haken）提出。作为一门横断科学，协同学是自组织理论的重要组成部分，主要研究自然界和人类社会各种系统的发展演变，且致力于解释这些演变内部的共同规律。

在协同学看来，大量子系统共同组成系统，在一定条件下，子系统之间会发生相互的作用和协作。协同学主要研究内容系统各要素之间的动态作用，认为系统的动态发展规律主要是由要素之间相互联系所带来的非线性效应。哈肯指出，协同学所研究系统的多个子系统性质并不相同，这些结构出现的方式都是自组织，协同学的研究重点就是支配这些自组织过程的原理，而不是子系统的性质差异。系统变化的控制因素可以依托协同学找到，继而系统内子系统间的协同作用可以明晰。按照协同学理论，系统从无序进化到有序的过程如图 2-2 所示。

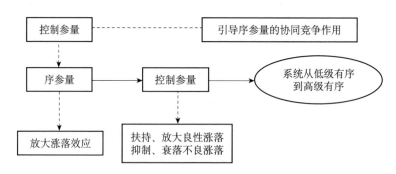

图 2-2 系统的有序过程及相互关联

2.1.4.2　研究对象及相关概念

与一般系统理论相比，协同学同样认为系统是由组元、部分或子系统构成的。但是，其认为，当外界的控制参量改变时，在一定条件下系统的演化过程都是从无序到有序、从有序到有序、从有序到混沌。非平衡开放系统中的自组织及形成的有序结构是协同学的本质研究对象。而且，系统的条件特征较为明确，如开放性、非平衡状态；非平衡相变一直进行，系统外部的能量流、物质流、信息流可以维持非平衡系统的新的有序结构。

2.1.4.3　协同学对本书的启示

系统科学中，协同学的重要性不言而喻，其研究对象往往是不同学科共同存在的协同现象，具体研究系统及其内部各个子系统之间的协同作用关系，如系统怎样才能演变为井然有序，变化规律、变化方向是什么样的。与此同时，协同学也采用数学模型研究不同系统的共性问题，从系统观入手，研究人文与社会科学领域的诸多问题。而且，协同学也揭示系统演变和进化的过程。在协同学理论中，大量的子系统存在于系统中，只有少量的序参量支配系统，由此实现系统总体层面的有序。在协同学看来，从无序到有序转化的过程中，系统的关键取决于大量子系统内部发生的"协同作用"，而非热力学上是否平衡等其他因素，由此，要素间的互相配合与耦合、系统内部的关联对系统变化极为重要。因此，对于西部地区创新人才聚集效应的提升系统来说，必须把握大量的子系统，这样才能实现总体的有序结构，这需要不同主体的相互耦合。

2.2　相关概念

2.2.1　人才的界定及其特征

2.2.1.1　人才的界定

（1）学界的观点。在我国，关于人才的研究时间较长，成果较为丰富，具有代表性的观点和学者较多。

叶忠海提出，人才必须对认识与改造自然、社会及人类进步贡献自己的力量，因为其具有专业知识、拥有技术能力。[①] 王通讯提出，为推动社会进步与人类发展，人才是在某一行业或领域创造性劳动而有突出贡献的人。[②] 罗洪铁指出，人才的内在素质比较好，借助于创造性劳动成果能推动社会的进步和发展。[③] 林春丽提出，非常适合某一领域、某一行业或某一岗位的人可以被划分为人才，但是他们的贡献或是成果必须较大。[④] 基于《关于进一步加强人才工作的决定》的相关内容，赵永乐等认为，能力建设作为人才资源开发的主题，树立了人人都能成才的观念，强调了人才与经济社会协调发展。对人才的界定必须体现出与时俱进，体现出"四个尊重"的方针。[⑤] 综合分析上述学者的观点可知，我国关于人才的界定是较为一致的，只不过不同的发展阶段，会重点发展不同类别的人才。本书结合已有的研究成果，认为无论是物质层面还是精神层面，只要在某一岗位、领域、行业对人的发展和社会进步做出积极贡献的人，都可以被认定为人才。

（2）国家层面的规定。《国家中长期人才发展规划纲要（2010—2020年)》指出，我国经济社会发展的第一资源就是人才，其是人力资源中能力和素质较高的劳动者，具有专门技能或是专业知识，通过创造性劳动贡献社会。根据"十二五"人才发展规划可知，我国人才包括五大类：党政人才、技能人才、专业技术人才、企业经营管理人才、农村实用人才。"十三五"人才发展规划则进一步体现出了人才优先的发展战略，认为当前应突出"高精尖缺"类人才，重点培养的是战略科学家、科技领军人才、企业家人才和高技能人才队伍。习近平指出，为了适应和引领我国经济发展新常态，必须破除体制机制障碍、消除科技创新中的"孤岛现象"，择天下英才而用之，为了将具有国际视野和能力、展现行业科技前沿的领军人才聚集起来，创新

---

① 叶忠海. 谈谈人才价值及实现 [J]. 人才开发, 1994 (3): 46.
② 王通讯. 人才学通论 [M]. 北京: 中国社会科学出版社, 2001.
③ 罗洪铁. 再论人才定义的实质问题 [J]. 中国人才, 2002, 16 (3): 23–24.
④ 林春丽. 论人才定义与人力资源开发 [J]. 人才开发, 2002, 17 (12): 13–14.
⑤ 赵永乐, 殷风春. 对人才新概念的几点认识 [J]. 中国人才, 2004 (2): 63–64.

人才引进政策的积极实施至关重要。同时，习近平还指出，当前我国亟须的人才是一线创新人才、创新型科技人才、青年科技人才、海外优秀人才等。党的十九大报告指出，为了能实现创新型国家的建设，必须重视具有国际水平的战略科技人才、科技领军人才、青年科技人才和高水平创新团队的培养造就。

2.2.1.2　人才的特征

从本书提出的人才定义可知，人才具备以下显著特征：第一，突出的专业素质。人才在具体岗位、行业和领域体现对社会价值的重要基础就是人才的内在专业素质。第二，正确的思想道德。第三，良好的适应能力。与周围社会环境相配合，这是人才实现价值的重要基础，为此，人才必须因地制宜地发挥各自特长，将目标定位人的发展和社会进步，这样才能实现自己的价值。同时，要有一定的创造能力，自己主观能动性的发挥必须充分，这样才能更好地取得创造性的劳动成果。第四，持续的创造能力。科学分工和社会化大生产的必然要求就是创造性。当代人才为了实现与时俱进，创造性的具备必不可少，在平凡岗位上做出适当改进、体现自己价值，也属于创造能力，而不一定是重大的科学发明或创造。

2.2.2　创新的概念及其模式

2.2.2.1　创新的概念

创新的概念最早由著名的经济学家熊彼特（Schumpeter）提出，他从经济学角度将创新定义为运用发明与发现的方法促进经济发展。[①] 之后，不同的学者从不同角度进一步拓展了创新的内涵。如舍恩（Schon）认为，能把无法准确估计测量的不确定因素在创新的转换下转变为可以量化的风险评估，创新最突出的作用就是将模糊转化到具体。[②] 从知识创造的角度，霍尔特

---

① 约瑟夫·熊彼特. 经济发展理论［M］. 邹建平，译. 北京：中国画报出版社，2012.
② Schon D A. The indirect but constant process of innovation［J］. Science，1967（13）：157 - 198.

（Holt）提出创新的定义，认为与新事物相关的知识与信息的创造过程就是创新。[①] 在其他学者看来，创新行为涵盖了新概念、新方法或行动过程的产生。如希金斯（Higgins）认为，对个人、团队、组织、产业和社会产生创造性价值的发明过程就是创新。[②] 分析上述定义可知，创新行为可以带来价值的创造，且是一种主观描述。随着各个领域对创新的重视和广泛运用，在实际的运作过程中探讨创新的学者越来越多，且多立足于企业层面。如哈格等（Hage et al.）认为，创新涉及企业创意实施或产品经营加工的诸多方面，从认知到新观念、采用新方法都可以被视为创新。[③] 萨伦（Saren）提出，创新涵盖技术、财务、管理、设计、生产和营销的各个步骤，是新发现首次转换成新产品、流程或服务的过程。[④] 罗思韦尔（Rothwell）认为，对企业而言，创新的风险较高、新鲜程度较高，但是获取超额利润的潜力也较大，产品、工艺、服务方面的任何改变都是创新的重要组成部分。[⑤] 克莱顿（Clayton）提出，将人力、资本、原材料、信息等转化为具有附加价值的产品或服务的过程就是创新，而且创新还包括管理、营销、投资等其他的流程，任何一种技术变革行为都可被视为创新。[⑥] 克拉克等（Clark et al.）强调，在创新活动中，信息与知识的作用极为重要，知识转变为市场商品的过程就是创新，体现人力资本与生产原料物以及相关部门之间的互动与信息反馈活动，因此，知识创造、知识扩散的主要来源就是创新。[⑦] 德鲁克（Drucker）的观点与上述学者有较大差异，其提出，创新的本质是新的资源组合方式，是改变消费

---

① Holt K. Product innovation management [M]. Butterworths, 1983.

② Higgins J M. Innovation: the core competence [J]. Strategy & Leadership, 1995, 23 (6): 32 – 63.

③ Hage J, Zaltman G, Duncan R. Innovation and organization [J]. Administrative Science Quarterly, 1974, 19 (2): 272 – 314.

④ Saren M. Corporate innovation: marketing and strategy [J]. Journal of Economic Psychology, 1985, 6 (2): 207 – 211.

⑤ Rothwell R. Innovation and re-innovation: a role for the user [J]. Journal of Marketing Management, 1986, 2 (2): 109 – 123.

⑥ Clayton P. Implementation of organizational innovation: studies of academic and research libraties [J]. Academic Press, 1997, 49 (2): 186 – 187.

⑦ Clark J, Guy K. Innovation and competitiveness: a review [J]. Technology Analysis & Strategic Management, 198, 10 (3): 363 – 395.

者对于资源利用价值与满足感的认知行为。[①] 本书持有较为宏观的观点，认为创新就是对个人、团队、组织、产业和社会都会产生创造性价值的发明过程。

2.2.2.2 创新的模式

有关创新的模式主要经过了五个不同的演化阶段：20 世纪 50 年代到 60 年代，创新模式主要是技术推动型；20 世纪 60 年代中期到 70 年代，创新模式是需求拉动的创新导向；20 世纪 70 年代中期到 80 年代早期，创新模式体现出了联合创新的模式；20 世纪 80 年代末到 90 年代中期，协同创新模式出现；进入 20 世纪 90 年代之后，系统整合网络的创新模式成为主导。[②]

1992 年，罗思韦尔（Rothwell）提出了最新的系统整合网络模式。罗思韦尔认为，在创新过程中，企业在相互协调各专门部门的同时，还需要同外部组织建立良好的网络关系，以形成战略联盟或者其他联合形式，实现创新的高效、快速、低成本。[③] 为此，在实际环境中，企业必须考虑的影响因素和机制较多，且系统整合网络模式需要企业对内外部环境的变化极为关注，并采取适当的经营策略。[④] 但是，此模式对创新集群的重要性尚未有充分的认识。

当以创新集群为主的外部环境有助于某些产业发展时，该区域的经济便会随着产业发展而逐渐兴盛起来。[⑤] 创新集群的发展受企业竞争优势影响较大，而后者涉及本地投资者目标、特定技术人才、自由运作程度、本地市场需求等。在创新集群中，企业的任务是改进、升级、创新，以实现更好的国际市场竞争方式、提升产品和工艺技术，而创新集群能够为它们提供良好的整合创新活动的环境支持。由此，区域创新系统的相关观念出现，以更好地

---

① Drucker P F. The discipline of innovation [J]. Leader to Leader, 1998 (9): 13–15.

② Dodgson M, Rothwell R. The handbook of industrial innovation [M]. Elgar, 1994.

③ Rothwell R. Development towards the fifth generation model of innovation [J]. Technology Analysis Stratigic Management, 1992, 4 (1): 73–75.

④ 陈晓红，解海涛. 基于"四主体动态模型"的中小企业协同创新体系研究 [J]. 科学学与科学技术管理, 2006, 27 (8): 37–43.

⑤ 王立平，陈琛. 创业、知识过滤与区域经济增长 [J]. 产业经济研究, 2009 (5): 60–66.

探讨区域竞争优势的影响因素及创新集群产业发展的外部环境。

2.2.3 创新人才的内涵、特征及其成长规律

2.2.3.1 创新人才的界定

高林提出，创新意识灵感、创新能力、思考想象力、创新业绩是创新型人才必须具备的，只有拥有了创新意识、创新能力、创新业绩，才能被称为优秀建设人才。[①] 在理论分析的基础上，魏发辰等认为，具备一定专业素质、创新能力、创新素质的各类人才才是创新型人才。[②] 黄楠森提出，创造性解决问题的人才由于具有创新性思维而能成长为创新人才。[③] 刘晓燕等认为，创新人才的创新品质、创新能力、创新精神、创新意识、创新人格等方面都表现较好。[④] 沈德立提出，创新人才的评价应该是结果导向的，也就是说，创新人才的创新成果应该是对社会、经济和科技发展进步有益的。[⑤]

与普通人才相比，创新意识、创新能力、创新业绩是创新人才最明显的特征。为此，基于人才界定的相关内容，本书认为，无论是物质层面还是精神层面，只要在某一岗位、领域、行业对人的发展和社会进步做出积极贡献的具有创新意识、创新能力、创新业绩的都可以被认定为创新人才，这与其他学者的观点较为一致。

2.2.3.2 创新人才的特征

创新人才个体特征的研究角度大多是个体所具有的人格特征。我国学者在分析创新人才特征及其成长研究内容中，大多借助人才学视角。传统的研究认为，智力因素和非智力因素是创新型人才人力资本最为突出的两个特征，

---

① 高林．论创新型人才成长规律 [J]．中国人才，1999，(6)：11 - 12．
② 魏发辰，颜吾佴．创新型人才的成长规律及其自我修炼 [J]．北京理工大学学报（社会科学版），2007，9 (5)：106 - 109．
③ 黄楠森．创新人才的培养与人学 [J]．南昌高专学报，2000 (1)：5 - 7．
④ 刘晓燕，蔡秀萍．专业技术人才队伍建设重在高层次创新型人才 [J]．中国人才，2007 (1)：14 - 16．
⑤ 沈德立．非智力因素与人才培养 [M]．北京：教育科学出版社，2001：16 - 30．

其中，前者是思考能力，体现为创新型人才人力资本关键的智力因素。还有学者提出，创新意识、创新质量、创新能力共同组成了创新型人才的个性特征。非智力因素主要涵盖性格特征和动机特征两个方面，而创新型人才拥有突出的好奇心和独立性。基于对创新课程老师的研究，蒙哥马利（Montgom-ery）发现，创新型人才的人力资本特征表现较多，如容忍度高、想象力丰富、自主性强、内外开放等。

结合已有文献可知，创新人才的特征可以从智力因素和非智力因素进行讨论，前者是创新人才具有不同寻常的思考能力（即创新意识），后者是创新人才具有个性率直等特征。

2.2.3.3　创新人才的成长规律

在人才成长过程中，发挥决定性作用的往往不是某一个因素，而是多种因素综合作用的结果，个人品质素质、专业技能素质及创新素质起决定作用，科研环境包括科研制度、科研平台等，也会在很大程度上影响人才的成长。创新型人才虽然某些特征是相似的，但是成长轨迹千差万别，深入分析创新型人才素质及影响因素可知，人才成长是有一定的规律可循的。通过分析国内外研究文献可知，创新人才的成长规律研究较为成熟，一般来看，创新人才的成长都遵循如下规律：最佳年龄规律、优势积累规律、师承效应规律、学派效应规律、群体或团队效应规律。

2.2.4　西部地区创新人才聚集效应的内涵

2.2.4.1　创新人才聚集现象的内涵与特征

由于区域边际收益差异、实现自我价值等因素的驱使，创新人才往往会从边际收益较低的地区流向边际收益较高的地区。另外，区域经济发展的不平衡导致了创新人才聚集现象的出现，而且某一区域创新人才的流动趋向和聚集程度能较好地反映该区域的经济发展水平。牛冲槐等进一步指出，在一定时间内，由于人才流动而导致的大量同类型或相关人才按照一定联系在某一地区（物理空间）或者某一行业（虚拟空间）所形成的聚类现象，就可以被称为人才聚集现象。①

根据张洪潮等的研究②，本书认为，创新人才聚集现象是指在一定时间内，随着创新人才的流动，大量同类型或相关的创新人才按照一定联系，在某一地区（物理空间）或者某一行业（虚拟空间）所形成的聚类现象。创新人才聚集现象能够降低科技型人才交易成本、改变区域人才结构、提高区域或产业的知识溢出效应和创新能力，由此，其对于区域发展极为重要。

分析创新人才聚集现象过程可知，初级阶段和高级阶段共同组成了创新人才聚集现象。在初级阶段，主要体现的是创新人才的量变，也就是创新人才聚集数量的增加；在高级阶段，则会出现聚集效应，也就是说，创新人才之间的融合度进一步提高，人才使用中的加总效应出现。在流动过程中，由于区域的发展不平衡，所以导致人才聚集现象产生。而且，人才聚集现象的特征较为明显，有空间性、聚类性、规模性等。

对于创新人才来说，其聚集现象的特征有三个：第一，空间性；第二，聚类性；第三，规模性。

2.2.4.2 创新人才聚集效应的内涵

威廉·阿瑟·刘易斯（William Arthur Lewis）很早就提出了人力资本空间聚集效应，他认为，集合在一起的成员独立自主、彼此依赖、相互关联，根据各自的人力资本要素，能够促进信息与知识的流动和新思想、新技术的创造，从而实现整体系统大于部分之和的效应。在我国，研究人才聚集相关问题的著名学者是牛冲槐，他认为，在一定的时间和空间范围内、在和谐环境下，相关人才按照一定的相互联系相对集中在一起所产生的超过各自独立作用的效应就是人才聚集效应。在和谐环境下，查成伟等提出，资源配置效应、规模效应、知识溢出效应、创新网络效应等都会出现在人才聚集过程中，由此，人才聚集效应产生。③ 牛冲槐等认为，在一定的时间和空间范围内，

① 牛冲槐，张敏，段治平. 人才聚集现象与人才聚集效应分析及对策 [J]. 山东科技大学学报（社会科学版），2006，8（3）：13–17.

② 张洪潮，牛冲槐. 基于系统论的人才聚集效应再分析 [J]. 工业技术经济，2007，26（6）：85–88.

③ 查成伟，陈万明，唐朝永，等. 高技术产业科技人才聚集效应与技术创新协同研究 [J]. 科技进步与对策，2015，32（1）：147–152.

在和谐环境下，相关人才按照一定的相互联系相对集中在一起所产生的超过各自独立作用的效应就是人才聚集效应。①

综合已有的观点可知，学者们对创新人才聚集效应的界定有诸多共同点。为此，本书认为，创新人才聚集效应是指在一定的时间和空间范围内，在和谐环境下，创新人才按照一定的相互联系相对集中在一起所产生的超过各自独立作用的效应。

2.2.4.3　创新人才聚集现象与创新人才聚集效应的区别

人才聚集现象与人才聚集效应之间有着本质的区别。人才聚集现象能引发人才聚集效应，但是，只有前者发生了质变的转化才可以实现，这就是说，人才聚集效应是人才聚集现象在达到特定条件时的一种表现。当前的研究认为，由于有了人才聚集效应，所以对所在区域的经济增长而言，人力资本的作用会被放大，而且与分散状态或聚集度较低区域相比而言，这一作用是处于较高的水平。此外，在流动过程中，科技型人才往往会在一定的区域或产业形成人才聚集现象，但是，只有具备了和谐的环境，才能进一步产生人才聚集效应。② 科技型人才聚集现象的高级阶段才能被称为科技型人才聚集效应，只有这一高级阶段才会出现人才之间融合度较高，产生人才使用加总作用。③ 对于创新人才而言，创新人才聚集现象是创新人才聚集效应产生的根源，只有在达到特定条件时，创新人才聚集现象才能质变到高级阶段——创新人才聚集效应。④ 所在区域内，创新人才对经济增长的作用放大就是创新人才聚集效应的主要表现。

2.2.4.4　西部地区创新人才聚集效应的内涵界定

基于创新人才聚集效应的相关概念，本书认为，西部地区创新人才聚集

---

① 牛冲槐，唐朝永，芮雪琴．科技型人才聚集环境及聚集效应分析（二）：经济环境对科技型人才聚集效应的影响分析［J］．太原理工大学学报（社会科学版），2007，25（4）：1-5.

② 牛冲槐．人才聚集效应系统研究［J］．系统科学学报，2006（4）：99-103.

③ 张同全，王乐杰．我国制造业基地人才集聚效应评价——基于三大制造业基地的比较分析［J］．中国软科学，2009（11）：64-71.

④ 刘小平．湖北省区域物流人才聚集效应评价实证研究［J］．西部经济管理论坛，2016，27（3）：93-96.

效应就是指在西部地区，在一定的时间、空间范围内和和谐环境下，创新人才按照一定的相互联系相对集中在一起所产生的超过各自独立作用的效应。

2.3 本章小结

本章的主要内容分为两部分：首先，详细论述本书写作的理论基础，包括人力资本理论、人才流动相关理论、人口迁移相关理论以及协同学理论，并且就每个理论对本书的启示进行详细说明。其次，通过回顾相关文献，界定相关概念，包括人才、创新、创新人才、西部地区创新人才聚集效应等概念。

第 3 章

西部地区创新人才聚集效应的
形成机理

3.1 西部地区创新人才聚集效应的主要结构

3.1.1 效应及其相关内容

根据《现代汉语词典》的相关解释，效应是指化学的或物理的作用所产生的效果，如光电效应、热效应、化学效应；同时，也泛指人或事物所引起的反应和产生的效果。从经济学的角度分析，聚集效应是指经济要素及相关活动在某一空间范围内聚集，当这种聚集达到一定规模时，就会产生比单个要素（或经济体）独立作用时更大的效果，从而实现从量变到质变的跨越。一旦放大经济要素的经济性（或非经济性）效应，由于区域间空间关联的存在，这种效果有可能发散作用于周边关联地区。作为一种特殊的经济要素，人力资本（人才资本）在地理空间会大量地聚集，由此促使各人才、信息、技术等要素在区域内相互交织、碰撞与创新，并由此激发更多的人才聚集效应。

3.1.2 创新人才聚集效应的主要结构

基于系统论相关内容分析创新人才聚集效应可知，其是一个复杂系统，同时涉及外部环境和内部结构。一般而言，创新人才聚集效应在形成过程中，包含的基础内容如图 3 – 1 所示。

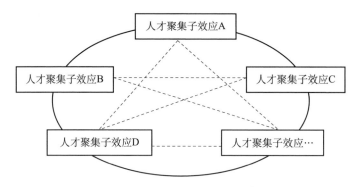

图 3 – 1　人才聚集效应的主要结构

由图 3 – 1 可知，创新人才聚集效应包括各项子效应，而且子效应之间也具有一定的相互关系。人力资源中，人才是优秀的群体，是知识创造、技术创新的内生力量。创新人才聚集效应的系统结构之所以能涌现出各项子效应及最终的人才聚集效应，主要是依据聚集主体、关系及属性。

第一，从角色角度分析来看，地位与角色相互关联的创新人才是创新人才聚集效应的角色主体，且其通过不同的角色关系凝聚在特定组织，是组成社会结构的重要部分。不同区域之间，创新人才聚集的柔性化会随创新人才流动自主性的加强而得到提升，与此同时，创新人才社会角色的弹性化得以维持，在转化创新人才角色之后，其社会功能得以更好的发挥。

第二，从知识角度分析，具有相似或不同知识背景的创新人才聚集之后，能在不同区域或是区域之间形成知识链条，知识聚集的创新优势来源于同质知识或异质知识的整合。知识的分布通过人才分布得以较好的体现，为此，知识在时间与空间的融合可以通过人才聚集的形式实现，且区域的知识存量能通过知识的积累与沉淀得以提升。为了实现自身的成长，人才的途径较多，如进行自身知识积累、在合作网络中寻找合作伙伴以实现知识的共享和利用等。如果采用后者进行自身成长，人才与其伙伴的知识必须同时具有相似性和互补性，这样才能更好地建立创新合作关系并提升各自的知识水平。在知识学习过程中，基于对知识发送方知识资源的理解、自有的知识挖掘能力，知识接收方识别其中有价值的部分；之后，获取知识发送方的有益知识资源，这一过程需要运用各种正式和非正式的沟通渠道；最后，知识接收方消化、吸收、内化各种有价值的知识。

第三，从创新角度分析，创新人才在某一区域聚集体现出该区域中的人才能创造性融合，且其之间能进行自身创新、个体之间实现有效的结构组合，能产生的创新功能远大于个体所具有的功能之和，即产生"1 + 1 > 2"的协同效应，且创新的风险也会大大降低。在人才聚集效应系统结构中，各类人才之间的创新活动是聚集效应系统发展的动力源泉，各类人才通过知识学习、知识创新等能提升自身的创新能力，由此，对各类资源、技能、知识的发展趋势能进行更好的把握，并实现正式和非正式的创新合作安排。此外，各类人才在各类合作关系下会形成较好的信任，从而个体或组织知识的学习和交流活动会增加，可编码的知识和隐含经验类的知识实现共享。依托创新合作网络，各类人才对知识的需求能够满足，对创新活动所需的各类新技术能够掌握。

3.1.3　西部地区创新人才聚集效应的主要结构

在创新人才聚集效应基础内容的相关研究中，学者们的理论基础和研究视角存在较大差异，且研究结论呈现出多样化。综合分析现有研究成果可知，关于人才聚集效应内容的研究大致有以下三种观点。

第一，当前，信息共享效应、知识溢出效应、创新效应、集体学习效应、激励效应、时间效应、区域效应、规模效应是广为接受的人才聚集效应的主要内容，也就是说，研究创新人才聚集效应也应该从这八个方面进行考虑。

第二，有的研究从人才聚集效应的影响因素出发，这样形成的指标体系一般都包括生活环境发展因子、科技发展因子、经济发展因子、产业发展因子、政府支持因子等方面，从而进一步选择相应的方法以实现创新人才聚集效应水平的评价。

第三，还有的研究从具体的研究对象出发，根据研究对象的特点构建不同的指标体系。如以聚集效应为目标层，指标层包括知识溢出、集成规模、信息分享、持续激励、区域空间、集体学习，并实现了对中部六省人才柔性流动的聚集效应的评价；基于物流行业的产业属性，从宏观效应、创新效应、区域效应、学习效应、交通效应五个维度构建湖北省区域物流人才聚集效应的评价指标体系。

综合分析已有人才聚集效应的相关内容和研究视角，本书遵循第一种研究视角。之所以选择第一种研究视角，主要原因在于：①此类研究视角的研究成果最为丰富、研究最为全面，已有指标体系的信度、内部效度和外部效度都较好。②从人才聚集效应的影响因素出发构建创新人才聚集效应内容指标体系，会存在一定偏差，因为人才聚集效应的某些评价指标可以被视为影响因素，但是，大部分的影响因素从严格意义上讲并不是人才聚集效应水平的直接体现。③根据研究对象的不同特点而构建的指标体系，涵盖的范围并不全面，外部效度值得商榷。

综合上述原因，本书认为，从多方面来分析西部地区创新人才聚集效应的子效应较为全面。而且，只有依托特定的区域，创新人才才能借助聚集区域的各种区位优势获取各种资源。与其他地区相比，西部地区的创新人才总量在稳定增长，但是开发水平偏低、高素质人才与全国平均水平的差距较大等问题依然突出。而且，通过诸多学者的研究表明，与东部和中部地区相比，西部地区的经济聚集和人口聚集速度较慢，且两者存在一定偏差。一旦人口与经济分布偏差超出合理区间，随着时间的推移，不仅造成空间效率损失，而且会导致区域人口压力突出、地区差距扩大、空间结构优化滞后等诸多不利于区域协调发展的问题。为此，对于西部地区来说，如何优化创新人才利用和开发、推进创新人才聚集效应是实施区域协调发展战略的必由之路。

在现有研究中，牛冲槐等学者对人才聚集效应的主要内容进行了充分的研究，得出了诸多有益的结论，认为人才聚集效应应该包括八大子效应，分别为信息共享效应、知识溢出效应、创新效应、集体学习效应、激励效应、时间效应、区域效应及规模效应。结合专家访谈法，本书认为，对于当前西部地区来说，创新人才聚集效应更多地体现在以下五大效应：规模效应、知识共享效应、集体学习效应、创新网络效应、地区品牌效应，而且子效应之间具有一定的相互关系，由此不断对外部环境产生影响。西部地区创新人才聚集效应的系统结构如图 3 - 2 所示。

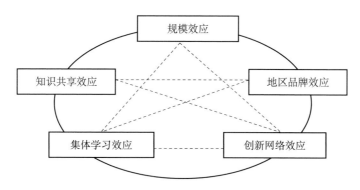

图 3 - 2 西部地区创新人才聚集效应的主要结构

3.1.3.1 规模效应

按照规模经济理论，当越来越多的创新人才在西部地区聚集之后，西部地区所形成的人才向心力会吸引更多的创新人才在此区域空间上因果循环聚集，为此，一定规模的创新人才数量是西部地区创新人才聚集效应产生的条件和基础。相关研究表明，一个地区人才的规模越大，能降低交易成本、提高劳动生产率、分摊基础设施成本，带来一定的规模经济，而且也能促进知识、人力资本、技术的外溢，为该地区注入更多的活力。而且，相对于小规模的人才聚集程度来说，大规模的人才聚集会由于专业化劳动力的共享、隐性知识的外溢而带来更高的劳动生产率。为此，对于西部地区来说，创新人才聚集的规模越大，就能带来更多的学习和就业机会，创新人才之间的知识积累、知识共享程度也就越高，从而提升西部地区的经济效益。

3.1.3.2 知识共享效应

当前，面对急速变化的市场环境，由于受到技术、资金、信息等资源的限制，创新的个体无法凭借一己之力完成创新活动，为了降低成本、抵御风险、互补资源、共享利益，创新人才需要与其他各类别的创新人才建立合作创新关系。进一步地，根据知识共享理论、知识转移理论等内容，创新人才聚集在西部地区之后，创新人才之间进行的知识交流和共享机会增多，不同类别的创新人才之间通过不同方式、手段、观点等促进问题的解决，实现知识的共享。此外，随着创新人才之间交流的深入，西部地区人才的信任机制能不断完善，交流困难现象将逐渐减弱，知识转移趋于有效，信任的文化氛围能逐渐在西部地区建立。由于知识创新的基础就是创新人才之间的交流，所以创新人才聚集效应产生和提升的不可或缺的要素就是知识转移和知识创新。

3.1.3.3　集体学习效应

由于非线性是创新过程的突出特征，其主要表现为创新活动是不同创新主体之间的互动的过程。为此，不同创新人才在空间层面实现创新的有效机制就是集体学习。在创新过程中，解决知识流动和转化问题的重要机制就是集体学习机制，且由于集体学习具有连贯性、动态协同性、公共性等特征，所以该机制对于区域创新环境的塑造、区域创新知识的积累、区域创新能力的提升至关重要。对于西部地区而言，通过创新人才聚集，人才之间直接交流、接触的机会较多，各类创新人才之间能相互学习、交流经验，使得隐性知识显性化产生所谓的知识溢出效应，不断推进知识的产出、获取、积累和转化，不仅使得创新人才个体的创新能力得到提升，更能推动整个西部地区创新氛围和创新技术的提升。

3.1.3.4　创新网络效应

在结合其他创新要素的过程中，创新人才掌握着一定的知识和技术，其本身的创新能动性较强，由此能在一定程度上对其他创新要素的有效利用程度起到决定性作用。西部地区实现创新人才聚集之后，依托各类创新人才，在相互作用过程中，各种创新要素能实现技术合作、资源互补、知识共享、协调发展。基于创新人才聚集效应生产与提升，不同信息、技能和知识的人才能通过一系列协同整合过程实现创新网络效应。创新人才获取知识、运用知识的需求和能力都较高，不同创新人才之间协作能实现知识的共享，更为重要的是，促进隐性知识的传递。创新人才聚集之后的创新网络效应更多的是一个自组织过程。不同类型的创新人才为了满足自身需求及个人发展而协作，同时，借助区域所提供的各种支持，在交流过程中相互学习、沟通、合作，完善自身知识体系的同时进行知识的共享、积累和转化，从而实现自组织系统。而且，通过此自组织系统，区域能形成激励创新的良好氛围，使创新的发生更为自觉。

3.1.3.5　地区品牌效应

当前，地区品牌是区域竞争力形成的重要途径，对于区域经济的可持续发展具有重要影响。为了寻求区域的长远发展和竞争优势，各地区需要建设、发展、完善地区品牌，以提升本区域的吸引力、获得长期的发展利益。根据品牌的相关研究可知，地区品牌的涵盖内容极为广泛，该地区的行业、服务、文化、自然资源、气候、地理位置、产品等都是地区品牌的重要组成部分。在研究地区品牌发展的过程中，一个重要的视角就是集群内生视角，其认为地区品牌形成和传播的经济基础和重要载体就是资源，而创新人才聚集所形成的聚集效应能够促进地区特色的传播，两者之间是共生协同的关系。对于西部地区而言，通过越来越大的创新人才聚集规模，可以促进创新人才个体创新能力提升，并推动地区创新文化、创新氛围的优化，实现创新产品的开发，由此能在一定程度上打造出长远的地区品牌，以不断吸引到更多的投资、新兴产业和创新人才。

3.2　西部地区创新人才聚集效应的影响因素

3.2.1　主体因素

在西部地区创新人才聚集效应的形成过程中，涉及的主要主体就是西部地区的政府、企业、高校及科研机构、其他组织等，其根据西部地区的人才供需关系，影响创新人才聚集效应的形成。

在创新人才聚集效应形成过程中，政府、企业、高校及科研机构、其他组织等主体各自所擅长的功能并不相同，为此可以通过信息流、资金流、技术流、人才流等加强资源依赖、提升规模效益来进行。（1）当各主体自身缺乏某种资源且市场中又难以获得时，就会寻求与其他主体合作，通过交换获得所需资源，由此产生了多个组织共同构成的综合体，这就是资源依赖。政府、企业、高校及科研机构、其他组织等主体拥有的优势资源各不相同，主体间为了规避各自资源缺乏的限制，需要产生资源依赖，以形成资源相互协同的联盟体。（2）政府、企业、高校及科研机构、其他组织等主体在条块分割的状态下进行了专有资源的积累，使其在各自的领域内具有优势，而进入另一领域时则显示出了劣势，但是主体通过相互协同可以扩大原有资源的规模，并对资源进行统一优化配置，提升边际收益进而扩大规模效益。在西部地区创新人才聚集效应的形成过程中，政府、企业、高校及科研机构、其他组织等主体通过协同与交流，进行资源互补、知识共享、技术转移、共担风险、同享收益，从而最终实现西部地区创新人才聚集效应的提升。

3.2.1.1 政府的定位

在西部地区创新人才聚集效应的形成过程中，政府的定位主要体现为制度创新、管理创新和文化创新。政府作为区域宏观政策的制定者，其出台的人才制度、资本制度、技术发展制度等是一个区域发展的最为重要的决定性力量。其中，西部地区发展的持续性取决于创新人才资源是否丰富。政府制定人才制度，担负着吸引人才向该区域汇聚的重任。此外，资本决定了西部地区各个体系运行的流畅性。作为西部地区部分资金投入者以及资本运作制度的制定者，政府需要承担资本运作的风险性，同时也要提升资本运行的效率性。对于一个区域而言，技术创新竞争力是其不断发展的关键，政府虽然不是技术开发者，但其在技术发展制度方面有着不可替代的宏观调控作用。一方面，政府可以利用技术扶持制度去鼓励具有竞争力的创新企业；另一方面，政府也可以利用技术法规去限制或禁止落后、淘汰技术。组织创新是政府发挥管理创新功能的首要体现，因为精简有效的组织能有力推进区域的发展。为了充分发挥政府区域管理的功能，还应从管理方式上去创新，这样才能提高政府行政管理能力和效率，以推进区域各项事务的运行。社会文化是区域发展的灵魂，渗透社会发展的方方面面，对于政府而言，就需要加强文化创新能力的培育，提高人们的文化自觉意识。

3.2.1.2　企业的定位

在西部地区创新人才聚集效应的形成过程中，企业的定位主要体现为制度创新、管理创新、技术创新和文化创新。不同于政府制度创新，企业制度创新功能专注于区域创新体系中的微观方向，主要体现为建立和完善与现代企业制度和企业发展相适应的企业产权制度、经营与管理制度等，其核心功能是建立创新激励与约束机制。企业管理创新主要是指企业需要根据市场和竞争的变化，对传统的经营管理模式及方法进行改进、革新，以实现更有效的资源整合，达到企业发展及产业壮大目标。企业技术创新功能的发挥主要有发明型、实用型、外观型的技术研发，也包括技术成果的商品化、产业化扩散过程，这是区域发展的基础之一。对于企业而言，企业文化是在长期经营过程中逐步生成和发育起来的日趋稳定的独特的价值观、精神等。通过文化的创新，企业可以有效解决经济增长过程中出现的相关问题。

3.2.1.3　高校及科研机构的定位

在西部地区创新人才聚集效应的形成过程中，高校及科研机构的定位主要体现为制度创新、管理创新、技术创新和文化创新。与政府制度创新相比较而言，高校及科研机构的制度创新功能专注于微观方面，主要就是需要建立完善的高校及科研院所制度体系。管理创新主要是为了确保高校及科研机构的科技资源能得到合理分配和高效利用，以便促进其发挥技术创新核心功能，主要包括项目决策管理、科研项目申报与验收管理、科研人才绩效管理、技术成果商业化管理等。相对企业的技术创新功能，高校和科研院所的技术创新更专注于基础研究、实验开发、设计测试等原始性技术创新功能。一般来说，依靠自身技术资源自主创新、在技术引进基础上模仿创新、多方共同参与的合作创新是高校和科研院所技术创新的主要模式。高校及科研机构文化包含了物质文化、精神文化、制度文化，对于先进文化的积淀、发展和传承具有重要作用。

3.2.1.4 其他组织或机构

其他组织或机构主要是指行业协会、非营利性组织等。在西部地区创新人才聚集效应的形成过程中，其他组织或机构的定位主要体现为制度创新、管理创新、技术创新及文化创新。

3.2.2 环境因素

在西部地区创新人才聚集效应的形成过程中，涉及的环境因素复杂多样。在影响西部地区创新人才聚集效应形成过程的诸多因素中，不仅包含宏观层面的区域经济、政治、自然环境因素，还包含体现企业或单位薪酬、领导风格、管理水平的中观层面因素及创新人才个人的归属感、职业规划、偏好等微观层面因素。如相关学者提出，人才聚集环境是影响人才聚集效应的关键因素，具体包括了政治环境、经济环境、组织环境、科技创新环境、教育环境、社会文化环境、自然地理环境、人才政策环境等。

为了能较为有效、更有针对性地研究西部各地区创新人才聚集效应的影响因素，本书仅针对区域层面的宏观因素进行分析，主要原因包括三个方面：第一，中观层面因素和微观层面因素涉及内容繁杂、庞大、外部效度有待商榷；第二，现有关于人才聚集、人才聚集效应的研究文献所持的也大多是宏观层面的观点，从具体的企业、个人出发研究人才聚集效应影响因素的文献较少；第三，根据美国心理学家勒温（Lewin）的场论，一个人所取得的各种工作成绩取决于其自身能力和拥有的各种条件，尤其是人才所处的外部环境的影响是无法忽视的。

综合上述考虑，本书认为，社会生活因素、教育科技因素、经济发展因素、人才服务因素、人文文化因素五个方面的主要影响因素通过耦合，不断吸引创新人才，从而形成创新人才聚集效应（如图3-3所示）。

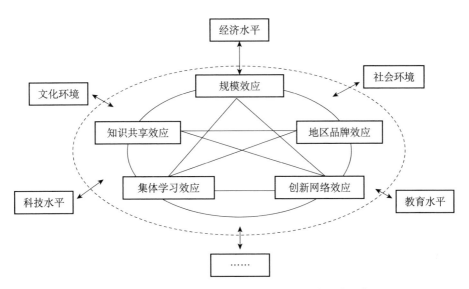

图 3 – 3 西部地区创新人才聚集效应形成的环境因素

3.3 西部地区创新人才聚集效应的形成路径

3.3.1 聚集效应的形成过程

创新人才聚集产生的效应并不仅仅直接作用于西部地区。对于西部地区而言，在复杂的环境中，创新人才这一创新主体形成的非线性多元集合会慢慢成为关键资源，从而凸显人才聚集效应。西部地区创新人才聚集到一定规模和程度之后，在相互沟通、信息交流、知识共享的基础上，通过知识转让、共同研发等集体学习方式，提升西部地区的创新开放和交互力度，通过形成创新网络，继而提升地区品牌，从而实现西部地区创新人才聚集效应。

根据西部地区创新人才聚集效应的五大子效应，考虑研究的内部效度和外部效度，结合西部地区创新人才的特殊性，分析西部地区创新人才聚集效应形成路径的具体步骤（如图 3 – 4 所示），可以得出以下结论。

第一，规模效应、知识共享效应、集体学习效应、创新网络效应、地区

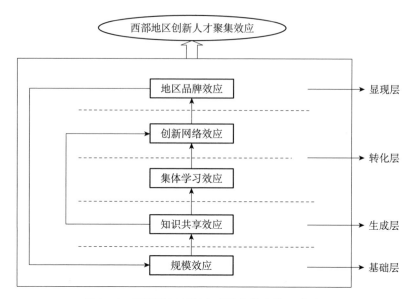

图 3 - 4　西部地区创新人才聚集效应的形成过程

品牌效应共五大部分的子效应共同构成了西部地区创新人才的聚集效应。

　　第二，西部地区创新人才聚集效应的五个主要内容可以分为基础层、生成层、转化层和显现层。西部地区创新人才聚集效应产生的基础是基础层；西部地区创新人才聚集效应产生的内在机理和关键所在是生成层和转化层；西部地区创新人才聚集效应的最终表现形式体现为显现层。

　　第三，西部地区创新人才聚集效应产生的基础可以用规模效应来表示，也就是说，一定的人才规模是西部地区创新人才聚集效应产生的条件和基础。有了一定规模不一定必然发生规模效应，但是，如果没有一定的创新人才规模，人才聚集的规模效应肯定不会发生。由于隐性知识很难传递，所以创新人才聚集在一起之后可以通过面对面接触来进行学习和交流，从而溢出隐性知识，而且，创新人才聚集可以克服因时间、空间障碍导致的信息成本降低，这样就会产生信息共享效应，使得大家共享一些极低成本的信息或免费信息，知识共享效应由此产生。知识共享效应的联动效应就是集体学习效应，创新人才愿意创造一种集体学习的机会来获得更大程度的开放和交互力度，因为这样可以获得更多隐性知识。知识溢出效应的联动效应同样还包括了创新网络效应，隐性知识的显现和交流体现为知识溢出，隐性知识具有很大的稀缺性，加上创新人才在掌握知识方面存有差异，会催生出各种各样的创新表现，形成创新网络效应。西部地区的创新风险会由于创新人才聚集的创新网络效应而大大降低，人才聚集条件下的创新积累优势会由于创新网络效应的自反馈作用而产生。创新人才的各种社会经济活动需要依托一定的区域空间，只有在一定区域进行有机组合，创新人才才能在复杂的区域协同创新网络中通过人才流动、共享形成知识融合，并最终实现科技创新、提升地区的品牌效应。

第四，西部地区创新人才聚集效应的五个子效应的地位并不是等同的。其中，规模效应水平是基础层，也是西部地区创新人才聚集效应产生的基础。规模效应能对知识共享效应起到促进作用，即规模效应越高，知识共享效应也越高。西部地区创新人才聚集效应的生成层由知识共享效应组成。西部地区创新人才聚集效应的转化层由集体学习效应和创新网络效应共同组成，这两大效应对于西部地区创新人才聚集效应的提升是极为关键的，也是西部地区创新人才聚集效应产生的内在机理和关键所在。同时，创新网络效应的决定性因素就是集体学习效应。同时，创新网络效应还受到知识共享效应的影响。地区品牌效应是西部地区创新人才聚集效应的最终表现，创新网络效应是其最主要的影响因素。地区品牌效应会反过来影响规模效应，也就是说，地区品牌效应越好，规模效应亦会提升，这也就意味着，会有越来越多的创新人才聚集在西部地区，两者相辅相成。

3.3.2　聚集效应形成的系统路径

基于西部地区创新人才聚集效应形成的基础内容、诱因、形成路径具体步骤研究之后，本书构建了西部地区创新人才聚集效应形成的系统路径（如图 3-5 所示）。

第一，政府、企业、高校及科研机构、其他组织等主体是西部地区创新人才聚集效应形成的主体诱因。借助信息流、资金流、技术流、人才流的协同与交流，不同主体能实现制度创新、管理创新、技术创新及文化创新功能，

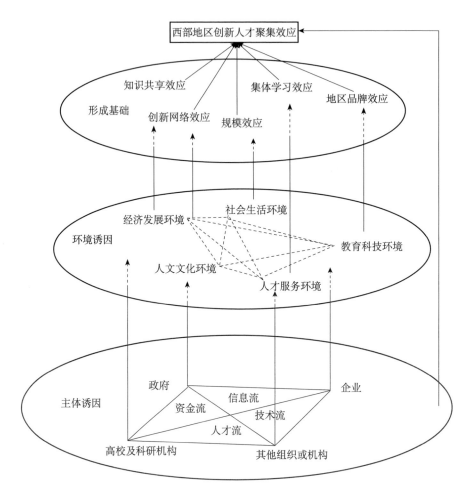

图 3-5　西部地区创新人才聚集效应形成的系统路径

从而促进不同主体间的资源互补、知识共享、技术转移、共担风险等，推动社会生活因素、教育科技因素、经济发展因素、人才服务因素、人文文化因素的改善。

第二，西部地区创新人才聚集效应形成的环境因素包括五个方面，分别是社会生活因素、教育科技因素、经济发展因素、人才服务因素、人文文化因素，而且这些影响因素之间存在耦合作用。

第三，西部地区人才聚集效应的主要内容就是西部地区创新人才聚集效应形成的基础内容，分别是创新网络效应、集体学习效应、知识共享效应、规模效应、地区品牌效应共五个部分，这五个部分相互作用，西部地区创新人才聚集效应才能得到最终实现。

在区域协同发展战略的实施过程中，在西部大开发战略的推进过程中，对于区域人才、经济、技术、社会环境等的发展而言，作为区域宏观政策制定者的政府，起到至关重要的作用。对于西部地区来说，创新人才聚集效应的形成不仅仅需要人才政策、制度的出台和完善，同时需要良好的经济发展水平、适宜的生活环境、先进的教育科技水平的支持。为此，政府在社会生活、教育科技、经济发展、人才服务等方面都需要进行宏观调控。

对于西部地区而言，作为一种独特社会生产要素的创新人才，其聚集在西部地区才能改变该区域的人才存量与结构，并产生出不同于个体独立活动时的创新人才聚集效应，最终人才聚集效应能引发一系列良好效果。

第一，降低创新人才交易成本。创新人才聚集效应产生的前提是创新人才聚集达到一定规模产生创新人才聚集效应现象，而创新人才聚集效应现象产生了质变之后才会出现创新人才聚集效应，由此，在创新人才聚集量变转化为质变的过程中，创新人才交易和使用的成本就降低了，而且创新人才也可以通过较低的成本获取就业机会。此外，该聚集区的创新人才存量也得到了提升，人力资本水平和劳动者素质得到了提高，出现了广义人口红利。

第二，提高创新人才竞争力。创新人才聚集不仅能为一个区域不断注入新生力量，通过知识的扩散与共享，提升区域内部知识的规模性、先进性、增长性，提高该区域的创新能力，而且有利于形成优胜劣汰的竞争机制，不断激励该区域的创新人才奋发向上。具体来看，创新人才聚集在一起之后，会通过协同发展、相互协作、细化分工、信息共享、资源整合等机制共同作用，有利于知识和技术的溢出，从而有利于创新人才之间的相互学习和创新能力的不断提升。

第三，推进高技术产业化进程。知识的重要载体就是人才，创新人才聚集之后，创新知识丰富、创新需求涌现，从而不断推动该区域知识密集型和技术密集型产业的发展壮大，不断优化升级高技术产业。而且，创新人才在某一区域聚集，其聚集区内可以形成大量流动的知识、信息，从而能推动知识、技术、信息交流网络的形成。一方面，有利于降低聚集区内企业间技术创新扩散的交易成本，加速企业间、人才间技术创新的扩大，促进聚集区技术创新能力的不断提升；另一方面，对于聚集区域的企业和人才而言，强大的知识、技术、信息网络意味着更好的交流平台、更多的传播渠道，能不断促进聚集区域企业技术创新能力的提升。

3.4　本章小结

　　本章主要进行西部地区创新人才聚集效应的形成机理研究，共涉及三个部分的内容：首先，分析西部地区创新人才聚集效应的形成基础。在进行创新人才聚集效应形成的基础内容分析之后，提出了西部地区创新人才聚集效应的形成基础，分别包括五大子效应——规模效应、知识共享效应、集体学习效应、创新网络效应、地区品牌效应，而且这些子效应之间也具有一定的相互关系。其次，分析西部地区创新人才聚集效应的形成诱因。主要从主体诱因和环境诱因两大方面进行阐述。在主体诱因部分，本书认为，西部地区的政府、企业、高校及科研机构、其他组织等是西部地区创新人才聚集效应形成的主要主体，其根据西部地区的人才供需关系，影响创新人才聚集效应的形成，而且这些主体各自所擅长的功能并不相同，为此，可以通过信息流、资金流、技术流、人才流等加强资源依赖、提升规模效益。在环境诱因部分，本书认为，影响西部地区创新人才聚集效应形成的环境因素复杂多样，而社会生活因素、教育科技因素、经济发展因素、人才服务因素、人文文化因素这五个方面的主要影响因素通过耦合，不断吸引创新人才，从而形成创新人才聚集效应。最后，分析西部地区创新人才聚集效应的形成路径。在阐述了形成路径的具体步骤之后，本书构建了西部地区创新人才聚集效应形成的系统路径。分析西部地区创新人才聚集效应形成路径的具体步骤可知，西部地区创新人才聚集效应的五个主要内容可以分为基础层、生成层、转化层和显现层。西部地区创新人才聚集效应产生的基础是基础层；西部地区创新人才聚集效应产生的内在机理和关键所在是生成层和转化层；西部地区创新人才聚集效应的最终表现形式体现为显现层。分析西部地区创新人才聚集效应形成的系统路径可知，政府、企业、高校及科研机构、其他组织等主体诱因通过强化西部地区创新人才聚集效应形成的环境因素，最终借助创新网络效应、集体学习效应、知识共享效应、规模效应、地区品牌效应这五个子效应，实现西部地区创新人才聚集效应的形成。

第 4 章

西部地区创新人才聚集效应的
影响因素

创新人才从不同区域向某一或某些特定区域流动过程中，某些因素会影响创新人才的聚集效应。从西部地区创新人才的聚集效应提升角度出发，明确在其聚集过程中的影响因素及其具体的影响程度是至关重要的，这样能揭示出这些影响因素推动西部地区创新人才聚集的规律。

4.1 初始影响因素的提取

4.1.1 内容分析法的实施

随着创新人才、创新人才流动、创新人才聚集等成为研究热点，越来越多的学者对其进行了广泛、深入的研究，因此学术论文汇集了创新人才聚集研究中较为深入、全面、有价值的信息。基于内容分析法，本书以创新人才聚集的学术论文作为分析对象，采用文本分析软件——Nvivo11.0 软件编辑、编码、统计构念频数等，从而确保研究结论的统计显著性和普适性。

内容分析法的分析对象是各类文献，此法能定量分析非定量文献材料，并据此定量分析文献内容、做出判断和推论，是人力资源管理问题的有效研究方法。此外，在处理文件资料时，内容分析法的优势独特，能系统、客观、量化描述学术论文的信息内容。运用 Nvivo1.0 软件进行内容分析的具体步骤包括学术论文的提取、分析单元的确定及初始类目的构建，具体来说，每一步骤的做法如下。

4.1.1.1　学术论文的提取

本书选用中国知网中的中国学术期刊、中国学术辑刊、中国博士学位论文、中国优秀硕士学位论文、中国重要会议论文作为数据来源，以文章主题中有"人才集聚""人才聚集""创新人才集聚""创新人才聚集"为条件进行模糊检索。通过检索发现，最早出现"创新人才聚集"的学术论文发表于2002 年，所以此次检索时间设为 2002 年 1 月 1 日至 2017 年 5 月 31 日。通过检索可得，在这 16 年间，文章主题中含有"创新人才集聚""创新人才聚集"的论文共 124 篇，将与研究主题明显不符、相互重复的 57 篇论文剔除之后，剩余 67 篇。具体的发表年份见表 4 - 1。

表 4 - 1　　　　　　　　学术论文发表年份分布　　　　　　　单位：篇

年份	发表数量	年份	发表数量
2002	1	2010	6
2003	0	2011	5
2004	0	2012	8
2005	1	2013	7
2006	2	2014	6
2007	2	2015	10
2008	3	2016	8
2009	5	2017	3

4.1.1.2　分析单元的确定

描述或解释研究对象时用来计算编码统计频数的最基本单位就是分析单元，分析单元的形式多样，涵盖词语、句子、段落等。学术论文是本书的分析资料，因此将特定学术名词确定为分析单元，在此基础上统计构念的频数。

4.1.1.3　初始类目的构建

目前，西部地区创新人才聚集效应影响因素的全面研究较少，在编码过程中，本书尝试不断对照已有研究成果，将影响因素的类目和操作定义进行逐步划分。

4.1.2 具体分析步骤

首先开展探索性内容分析，这样能够明确类目结构，因此形成详细的编码表，之后的结构性内容分析都需要对照此编码表。因此，本书首先把此次检索获得的 67 篇学术论文随机分为两部分，一部分（34 篇）用来进行探索性内容分析，另一部分（33 篇）进行结构性内容分析。

4.1.2.1 编码第一阶段：探索性内容分析

探索性内容分析阶段，由单人逐一分析 34 篇学术论文，对照编码表进行编码。首先，在逐篇阅读文章的过程中将原始构念不断提炼。利用 Nvivo1.0 软件，分析单元确定为特定学术名词，反映创新人才聚集影响因素的原始构念共提取出 121 个。其次，合并构念。利用 Nvivo1.0 软件将原始构念进行合并，通过分析得到初始构念 107 个。再次，层次化构念，形成目录结构和编码表。通过与原有文献进行对比、专家讨论，将初始构念不断合并并将其层次化分类。经过 3 轮层次化分析，形成的编码表和类目操作定义共 3 级目录 44 个条目。最后，达到理论饱和度。这一阶段编码的时间共 23 天，经过新构念产生的数量统计可知，每天新构念的数量逐渐趋近于 0，理论饱和度基本达到。

4.1.2.2 编码第二阶段：结构性内容分析

结构性内容分析阶段，本书采取的是多人编码，主要是为了提高编码信度、保障编码结果有效性，具体使用的是三角测量法。作为一种测量方法，该法的研究人员在看待和研究项目内容时是多角度的，这样能增加评估测量的效度和完备性。编码小组由 3 位经济管理研究领域的博士组成，在编码之前，3 人对已有编码表形成共识。独立编码具体步骤为：首先，每个人逐篇阅读剩余的 33 篇文献，对照编码表编码；其次，增补新构念；最后，统计频数，用于数据分析。

4.1.2.3 编码信度及效度检验

为保障编码结果信度，本书检验编码者之间的信度和效度。

第一，编码信度检验。根据霍尔斯蒂（Holsti）提出的编码者一致性信度计算公式检验编码者之间的一致性信度。

$$\begin{cases} K = \dfrac{3M}{N_1 + N_2 + N_3} \\ R = \dfrac{3K}{1 + 2K} \end{cases} \tag{4-1}$$

其中，M 为对某构念 3 名编码者完全相同的分析单元数；N_1，N_2，N_3 为对某构念 3 名编码者各自所编的分析单元数；K 为 3 名编码者评价同意度；R 为 3 名编码者一致性信度。编码者一致性越高，表示内容分析信度也越高，R 值为 0.8 ~ 0.9 是可接受水平、0.9 及以上为较高水平。通过计算，此次得到的一级目录 R 值在 0.89 以上、二级目录 R 值在 0.83 以上，所有 R 值都在 0.85 ~ 0.92 之间，此次编码具有较好编码信度。

第二，编码效度检验。内容效度主要通过聘请熟悉该测量内容的专家进行评定，常用内容效度作为衡量指标。

$$CVR = \dfrac{ne - \dfrac{N}{2}}{\dfrac{N}{2}} \tag{4-2}$$

其中，ne 为认为某构念很好地表示了测量内容范畴的专家人数，N 为专家总人数。当所有专家认为内容不当时，$CVR = -1$；当认为项目合适与不合适的人数各半时，$CVR = 0$；当所有专家认为内容较好时，$CVR = 1$。为此，聘请 4 位经济管理专业的教授、副教授参与评估。通过计算，所有分析单元的 CVR 值均达到 0.6 以上，此次编码结果具有较好内容效度。

4.1.3　初始影响因素指标体系的形成

西部地区创新人才聚集效应初始影响因素编码表（见表 4 - 2）由 3 级目录 44 个条目构成，该表由低至高逐级层次化，1 级目录表征西部地区创新人才聚集效应的影响因素的类别，2 级目录表征具体的影响因素，3 级目录表征影响因素的具体评价指标。

表 4-2　　　　　　　　西部地区创新人才聚集效应初始影响因素编码

1 级目录	2 级目录	3 级目录/具体评价指标	学术论文引用频次
社会生活因素	区域人口	人口普查总人口（1）	53
	区域空气质量	空气质量指数（2）	45
	区域公共绿地条件	人均公园绿地面积（3）	41
	区域交通运输条件	每万人拥有公共交通车辆（4）	39
	区域居住条件	住宅商品房评价销售价格（5）	31
	区域环境卫生条件	每万人拥有公共厕所（6）	20
	区域社会保障条件	养老保险、失业保险、城镇医疗保险参保人数（7）	20
	区域医疗水平	每千人拥有卫生医疗机构床位数（8）	19
	区域安全条件	社会治安、交通事故等损失（9）	15
	区域地理位置	该区域所处的地区（10）	11
	区域自然资源条件	人均水资源量（11）	9
教育科技因素	区域教育水平	普通高等学校数（12）	47
		普通高等学校专任教师数（13）	47
		教育支出占 GDP 比重（14）	41
		教育普及程度（15）	37
		教育政策的完备性（16）	34
		教育方向的正确性（17）	10
	区域科技水平	规模以上工业企业 R&D 经费占 GDP 比重（18）	47
		科学研究与开发机构数（19）	47
		技术市场成交额（20）	42
		科研设施的完备性（21）	42
		在职培训人数（22）	40
		科研政策的创新性（23）	33
经济发展因素		区域居民人均可支配收入（24）	41
		区域第三产业机构数（25）	37
		区域第三产业增加值（26）	34
		区域第三产业就业人员数（27）	30
		区域城镇登记失业率（28）	27
		区域全员劳动生产率（29）	25
		区域产业发展前景（30）	11
		区域产业发展需求（31）	8
		区域产业发展格局（32）	7
人才服务因素		区域人才管理政策（人才引进、人才激励、人才流动、人才配置、人才开发费用、人才权益保护等）的完备性（33）	54
		区域人才市场体系的健全性（34）	45
		区域人才市场服务的水平（35）	21
		区域人才的领导管理水平（36）	20
人文文化因素		区域人均文教娱乐服务消费支出（37）	37
		区域群众文化服务业机构数（38）	37

1 级目录	2 级目录	3 级目录/具体评价指标	学术论文引用频次
人文文化因素		区域文化及相关产业从业人员数（39）	25
		区域等级运动员发展数（40）	20
		区域集体认知水平（41）	20
		区域和谐水平（42）	18
		区域创造力水平（43）	15
		区域价值观（44）	4

注：括号中的数字是下面调查问卷中的具体题目及环境因素序号。

由表 4 - 2 可知：第一，借助内容分析法，西部地区创新人才聚集效应的影响因素共包含五个方面（社会生活、教育科环境、经济发展、人才服务和人文文化）共 44 个具体指标；第二，被学术论文提及的影响因素次数越多，表明对西部地区创新人才聚集效应来说，该因素的影响作用越大。

需要指出的是，本书在形成西部地区创新人才聚集效应初始影响因素指标体系时遵循以下原则。

第一，系统性原则。影响西部地区创新人才聚集效应的影响因素包括社会生活、教育科技、经济发展、人才服务和人文文化五个方面，因此，国家宏观经济、政策环境和人才战略等在选取指标时是需要考虑的，而且，还要与区域的地理、人文和风俗等情况相结合，此外，创新人才的具体特点和需求也需要注意。

第二，可操作性原则。西部地区创新人才聚集效应的影响因素较为抽象，为此，可操作性是选取指标的重要注意点，即需要保持在指标定义和统计口径上与相关的统计年鉴相一致，这样能保证数据的可查性以及计算和数据的连贯性。对于某些普遍采用的指标进行保留，对于其他一些需要更换或删除的指标，要对已有数据进行拆分、合并或转化，从而得出一些派生指标来表征。

第三，可比性原则。横向上比较，西部各区域创新人才聚集环境可能会大相径庭；纵向上看，不同发展时期的环境也会发生变动。因此，指标的选取要结合西部各区域实际情况，选择那些影响显著、区分度明显、被广泛接受的指标，这样才能较为准确地评价西部不同区域创新人才聚集影响因素的实际优劣程度。

第四，动态性原则。西部地区创新人才聚集效应的影响因素是动态变化的，不同的影响因素会在不断运动变化中达到相对均衡，由于人才聚集环境具有一定的不确定性，由此导致选取影响因素指标体系时也需要结合发展趋势不断进行调整。

4.2 正式影响因素指标体系的构建

4.2.1 问卷调查的开展

需要指出的是，西部地区创新人才聚集效应初始环境因素指标体系（见表 4 - 2）只是通过文献分析而得出，与西部地区实际发展情况可能存有出入，还需要通过对西部地区各区域进行实地调查以修正，这样才能得出当前西部地区创新人才聚集效应的正式影响因素。

4.2.1.1　调查问卷的形成

运用 Nvivo 软件，本书提取出西部地区创新人才聚集效应的初始影响因素，但是涉及衡量指标 44 个，数量过于庞杂且重要性大小不一。为此，本书通过问卷调查及数理统计分析对 44 个初始影响因素进行筛选和分析。题目分为封闭式和开放式两种，前者采用李克特 5 点量表；同时，设计个人背景信息，包括性别、年龄、受教育程度、所处行业，目的是了解被调查者的基本情况，对调研问卷进行筛选。本书设计的《西部地区创新人才聚集效应影响因素调查问卷》见附录 C。

4.2.1.2　调查过程的开展

（1）问卷质量的控制。大规模发放问卷前进行小范围调查，在陕西、四川、重庆 3 个区域的人力资源市场和高校中邀请 30 位被调查者进行填答，及时对语言、内容进行修改；同时，被调查者填写背景资料，提高调查可靠性。

（2）调查过程的控制。此次调查采取当场发放填写以及在线问卷调查。

（3）有效问卷的筛选。此次收回的数据由两名硕士研究生进行录入并核对。对于超过 10% 未做回答的问卷视为无效问卷。此次调查收集了陕西、甘肃、宁夏、青海、新疆、西藏、云南、贵州、四川和重庆等 10 个省份共 394 份有效问卷。

4.2.1.3　数据的初步分析

（1）样本信息。从表 4 - 3 可知，被调查者中男性约 60%，女性偏少；20 ~ 29 岁及 30 ~ 39 岁的人数最多，约占总数的 64%；大部分被调查者的受教育程度为本科及以上；此次研究对象处于政府机关的最多，为 26%，其他行业的较为平均。

表 4 - 3　　　　　　　　　　　调查样本信息

调查项目	类别	人数	所占比例（%）
性别	男	234	59.39
	女	160	40.61
年龄	20 ~ 29 岁	154	39.09
	30 ~ 39 岁	96	24.37
	40 ~ 49 岁	69	17.51
	≥50 岁	75	19.03
文化程度	大专及以下	48	12.18
	本科	84	21.32
	硕士	115	29.19
	博士（博士后）	147	37.31
所处行业	政府机关	103	26.14
	制造业	79	20.05
	交通运输	64	16.24
	信息传输	59	14.97
	文化、体育和娱乐业	31	7.87
	金融	17	4.31
	医药卫生	15	3.81
	能源化工	10	2.54
	其他	16	4.07

（2）信度与效度。问卷的信度由内部一致性系数来考察，此次问卷的 Cronbach'α 系数为 0.879（见表 4 - 4），信度较好。

表4-4　　　　　　　　　　　　调查问卷的可靠性统计结果

Cronbach's Alpha	项数
0.879	44

采用内容效度考察调查问卷的效度，本书立足于两个方面：第一，采用内容分析法对学术论文进行研读，尽可能找出西部地区创新人才聚集效应的影响因素；第二，小范围调查在大规模发放问卷之前进行，被调查者评价问卷，并及时修改问卷内容。

（3）被调查者的积极系数。调查回收率可以表示积极系数，计算公式为：

$$C = \frac{M_j}{M} \tag{4-3}$$

其中，C 为积极性系数，M_j 为填答份数，M 为被调查者的全部人数。按照标准，回收率的最低要求是50%，如果达到80%，表明积极系数非常好。此次调查的问卷涉及西部10个地区共450份，其中有效问卷394份，有效回收率为87.5%，由此，积极性系数为87.5%。

（4）被调查者的权威性分析。被调查者的学术造诣、对问题作出判断的主要依据及对问题的熟悉程度共同决定了权威性 Q。

$Q1$：学术水平。学术水平由被调查者的文化程度来表示，因为其文化程度越高，意见的价值越大，设计的学术水平权重见表4-5。

表4-5　　　　　　　　　　　　被调查者文化程度权重

文化程度	博士（博士后）	硕士	本科	大专及以下
权重	1	0.7	0.5	0.3

根据样本信息表可知，394位被调查者中，大专及以下学历有48人、本科学历84人、硕士学历115人、博士（博士后）学历147人，因此 $Q1 = \frac{(147 \times 1 + 115 \times 0.7 + 84 \times 0.5 + 48 \times 0)}{394} = 0.68$。

$Q2$：对问题的判断依据权重见表4-6。

表 4－6   被调查者对问题的判断依据

判断依据种类	专家自我评价		
	权重（大）	权重（中）	权重（小）
理论分析	0.30	0.20	0.10
实践经验	0.45	0.35	0.25
参考国外资料	0.10	0.075	0.05
参考国内资料	0.10	0.075	0.05
主观判断	0.05	0.05	0.05
合计	1.00	0.75	0.50

被调查者判断问题的依据可分为理论分析、实践经验、参考国内资料、参考国外资料以及主观判断五种。此次被调查者有较好的受教育背景，有 203 位判断依据的权重值为 0.95、61 位判断依据的权重值为 0.85、67 位判断依据的权重值为 0.70、63 位判断依据的权重值为 0.55。因此，394 位被调查者对问题的判断依据为 $Q2 = \dfrac{203 \times 0.95 + 61 \times 0.85 + 67 \times 0.70 + 63 \times 0.55}{394} = 0.83$。

$Q3$：熟悉程度。被调查者对每个问题的熟悉程度是不一样的，应根据问题进行具体标定（见表 4－7）。

表 4－7   被调查者对每个问题的熟悉程度

环境因素	熟悉程度				
	熟悉（1.0）	较熟悉（0.8）	一般（0.5）	不熟悉（0.2）	完全不了解（0）
区域人口 （环境因素1）	104	90	0	0	0
区域产业发展前景 （环境因素30）	23	92	79	0	0

注：此表以"区域人口"和"区域产业发展前景"为例进行说明。

依此类推，剩余 52 个前因变量的熟悉程度都可计算得到，被调查者对影响因素的总体熟悉程度为 0.89。

根据 $Q1$、$Q2$、$Q3$ 各自的计算结果，综合可得被调查者的权威性 Q 为：$Q = \dfrac{Q1 + Q2 + Q3}{3} = \dfrac{0.68 + 0.83 + 0.89}{3} = 0.8$。一般认为，$Q > 0.70$ 为可接受程度，表明此次被调查者的评估内容及对问题判断的权威性程度较高，结果可信。

4.2.2　正式影响因素的形成

4.2.2.1　Ridit 分析的步骤

本书采用 Ridit 分析法对数据进行处理,以确定西部地区创新人才聚集效应的影响因素。

有序变量赋值需要 Ridit 分析法。具体步骤是:确定标准组;根据不同等级的秩次多寡,形成标准组各等级的 Ridit 参考值;以各等级的秩次为权重计算各初始原因的 Ridit 平均得分;根据 Ridit 期望值大小进行检验和比较分析。Ridit 分析法不仅能指出各组的不同构成,而且可对比各组结果的优劣。此次的研究资料属于等级分组资料,因此可以尝试使用该法对多组等级资料进行比较。

第一,选择参照组。44 个初始影响因素的例数区别不明显,也不存在传统参照,因此标准组由初始影响因素对应等级例数进行合计。

第二,将标准组的频数分布转化为特定的 R 分布,习惯上由弱到强排列。通过计算可得标准组各等级的 Ridit 值,见表 4 − 8。

表 4 − 8　　　　　　　　初始影响因素标准组各等级的 Ridit 值

各等级程度	合并例数	R 值
1	1678	0.0543
2	2085	0.2000
3	3128	0.3729
4	3512	0.5567
5	5672	0.8302

第三,计算 44 个初始影响因素的例数及各引发程度的 R 值,具体结果见附录 D。

第四,计算 44 个初始影响因素的平均 Ridit 值,具体结果见表 4 − 9。

表 4 − 9　　　　　　　　44 个初始影响因素平均 Ridit 值

初始影响因素	平均 Ridit 值	初始影响因素	平均 Ridit 值
因素 1	0.759149	因素 4	0.688075
因素 2	0.509389	因素 5	0.514423
因素 3	0.720742	因素 6	0.591261

初始影响因素	平均 Ridit 值	初始影响因素	平均 Ridit 值
因素 7	0.787535	因素 26	0.707012
因素 8	0.565169	因素 27	0.643627
因素 9	0.812503	因素 28	0.745930
因素 10	0.562572	因素 29	0.627709
因素 11	0.437614	因素 30	0.773088
因素 12	0.709007	因素 31	0.604421
因素 13	0.742469	因素 32	0.666918
因素 14	0.517693	因素 33	0.793364
因素 15	0.553097	因素 34	0.501959
因素 16	0.521704	因素 35	0.703050
因素 17	0.542077	因素 36	0.503667
因素 18	0.696386	因素 37	0.699242
因素 19	0.547700	因素 38	0.646202
因素 20	0.567887	因素 39	0.520826
因素 21	0.516871	因素 40	0.664568
因素 22	0.624797	因素 41	0.606982
因素 23	0.584933	因素 42	0.506172
因素 24	0.629563	因素 43	0.540616
因素 25	0.758924	因素 44	0.457462
标准组	0.500000		

引发程度最高的等级"5"在最后，这就说明，该因素的平均 Ridit 值越大，其越能引发西部地区创新人才聚集效应。由于标准组的平均 Ridit 值恒为 0.5，因此某影响因素的平均 Ridit 值大于 0.5 越多，表明其影响程度越高，反之影响程度越低。出于谨慎性原则，本书先把平均 Ridit 值小于 0.5 的初始影响因素 11 和因素 44 这两项删除。剩余的初始影响因素 1 和因素 2 等共计 42 个因素的平均 Ridit 值大于 0.5，但并不表明这些因素就是西部地区创新人才聚集效应的影响因素，应继续进行检验。

第五，对影响因素的平均 Ridit 值进行 U 检验，U 值计算公式为：

$$U = \frac{|\bar{R}_i - 0.5|}{\sqrt{S_{R^2}\left(\dfrac{1}{n_i} + \dfrac{1}{n_c}\right)}} \tag{4-4}$$

其中，n_c 为标准组例数，n_i 为某个影响因素的例数，0.5 为标准组的平均 Ridit

值，$\bar{R}_i$ 为某个初始影响因素的平均 Ridit 值，S_{R^2} 为总方差（其近似值为 $\frac{1}{12}$）。

从上述计算可知，标准组例数和为 16102、各初始影响因素的例数都为 394，所以式（4-4）可简化为：

$$U = \frac{|\bar{R}_i - 0.5|}{\sqrt{\frac{1}{12}\left(\frac{1}{16102} + \frac{1}{394}\right)}} = \frac{|\bar{R}_i - 0.5|}{0.01472} \qquad (4-5)$$

计算前因变量平均 Ridit 值的 95% 置信区间公式为：

$$\bar{R}_i \pm \frac{1}{\sqrt{3n}} \qquad (4-6)$$

由于各影响因素的例数都为 394，所以式（4-6）可简化为：

$$\bar{R}_i \pm \frac{1}{\sqrt{3n}} = \bar{R}_i \pm \frac{1}{\sqrt{3 \times 394}} = \bar{R}_i \pm 0.0291 \qquad (4-7)$$

若某初始影响因素平均 Ridit 值 95% 置信区间不包括 0.5，则 $P < 0.05$，差别具有统计学意义。将各影响因素的平均 Ridit 值代入式（4-5）和式（4-7）计算，可得各初始影响因素平均 Ridit 值的 U 统计量及 95% 置信区间，结果见表 4-10。

表 4-10　　　　　初始影响因素平均 Ridit 值的 U 检验

因素	平均 Ridit 值	U 统计量	95% 置信区间		拒绝零假设
			上限	下限	
因素 1	0.759149	17.605231	0.788249	0.730049	√
因素 2	0.509389	1.474457	0.550804	0.502604	√
因素 3	0.720742	14.996060	0.749842	0.691642	√
因素 4	0.688075	12.776834	0.717175	0.658975	√
因素 5	0.514423	0.979823	0.583523	0.505323	√
因素 6	0.591261	6.199796	0.620361	0.562161	√
因素 7	0.787535	19.533628	0.816635	0.758435	√
因素 8	0.565169	4.427242	0.594269	0.536069	√
因素 9	0.812503	21.229823	0.841603	0.783403	√
因素 10	0.562572	11.179891	0.693668	0.635468	√
因素 12	0.709007	14.198845	0.738107	0.679907	√
因素 13	0.742469	16.472079	0.771569	0.713369	√
因素 14	0.517693	10.697147	0.686562	0.628362	√
因素 15	0.553097	3.607133	0.582197	0.523997	√
因素 16	0.521704	0.637840	0.538489	0.480289	×

因素	平均 Ridit 值	U 统计量	95% 置信区间		拒绝零假设
			上限	下限	
因素 17	0.542077	1.201970	0.546793	0.488593	×
因素 18	0.696386	13.341440	0.725486	0.667286	√
因素 19	0.547700	3.240489	0.576800	0.518600	√
因素 20	0.567887	4.611889	0.596987	0.538787	√
因素 21	0.516871	1.146128	0.545971	0.527771	√
因素 22	0.624797	8.478057	0.653897	0.595697	√
因素 23	0.584933	2.748370	0.569556	0.511356	√
因素 24	0.629563	2.967255	0.572778	0.514578	√
因素 25	0.758924	9.999185	0.676288	0.618088	√
因素 26	0.707012	11.440557	0.697505	0.639305	√
因素 27	0.643627	0.419293	0.535272	0.507072	√
因素 28	0.745930	2.759239	0.569716	0.511516	√
因素 29	0.627709	8.801834	0.658663	0.600463	√
因素 30	0.773088	0.249117	0.532767	0.474567	×
因素 31	0.604421	0.713111	0.539597	0.481397	×
因素 32	0.666918	0.546264	0.521059	0.462859	×
因素 33	0.793364	16.707201	0.775030	0.716830	√
因素 34	0.501959	7.267799	0.636082	0.577882	√
因素 35	0.703050	18.552174	0.802188	0.743988	√
因素 36	0.503667	7.093818	0.633521	0.575321	√
因素 37	0.699242	11.339538	0.696018	0.637818	√
因素 38	0.646202	5.986005	0.617214	0.559014	√
因素 39	0.520826	14.063315	0.736112	0.677912	√
因素 40	0.664568	13.794158	0.732150	0.673950	√
因素 41	0.606982	0.249117	0.532767	0.474567	√
因素 42	0.506172	9.757269	0.672727	0.614527	√
因素 43	0.540616	1.414810	0.549926	0.511726	√

注：由于标准平均 Radit 值恒为 0.5，出于谨慎原则，把小于 0.5 的因素 11 和因素 44 删除。

从表 4 - 10 可知，虽然初始影响因素 16、因素 17、因素 30、因素 31、因素 32 共 5 个因素的平均 Ridit 值大于 0.5，但它们并没有通过显著性检验，本书将其删除。

4.2.2.2　正式影响因素指标体系的形成

通过对 394 位西部地区（陕西、甘肃、宁夏、青海、新疆、西藏、云南、贵州、四川和重庆等 10 个省份）不同性别、年龄、文化程度、行业的被调查者的问卷调查及 Ridit 统计分析，本书在 44 个初始影响因素中提取出西部地区创新人才聚集效应 37 个主要影响因素，具体内容见表 4 - 11。

表 4 - 11　　　西部地区创新人才聚集效应正式影响因素指标体系

1 级目录	2 级目录	3 级目录/具体测度指标
社会生活因素	区域人口	人口普查总人口
	区域空气质量	空气质量指数
	区域公共绿地条件	人均公园绿地面积
	区域交通运输条件	每万人拥有公共交通车辆
	区域居住条件	住宅商品房评价销售价格
	区域环境卫生条件	每万人拥有公共厕所
	区域社会保障条件	养老保险、失业保险、城镇医疗保险参保人数
	区域医疗水平	每千人拥有卫生医疗机构床位数
	区域安全条件	社会治安、交通事故等造成损失
	区域自然资源条件	人均水资源量
教育科技因素	区域教育水平	普通高等学校数
		普通高等学校专任教师数
		教育支出占 GDP 比重
		教育普及程度
	区域科技水平	规模以上工业企业 R&D 经费支出占 GDP 比重
		科学研究与开发机构数
		技术市场成交额
		科研设施的完备性
		在职培训人数
		科研政策的创新性
经济发展因素		区域居民人均可支配收入
		区域第三产业机构数
		区域第三产业增加值
		区域第三产业就业人员数
		区域城镇登记失业率
		区域全员劳动生产率
人才服务因素		区域人才管理政策（人才引进、人才激励、人才流动、人才配置、人才开发费用、人才权益保护等）的完备性
		区域人才市场体系的健全性
		区域人才市场服务的水平
		区域人才的领导管理水平
人文文化因素		区域人均文教娱乐服务消费支出
		区域群众文化服务业机构数
		区域文化及相关产业从业人员数
		区域等级运动员发展数
		区域集体认知水平
		区域和谐水平
		区域创造力水平

从表 4 – 11 可知，西部地区创新人才聚集效应的 37 个主要影响因素可聚合到社会生活、教育科技、经济发展、人才服务和人文文化五个层面。其中，社会生活影响因素包含区域人口、区域空气质量、区域公共绿地条件、区域交通运输条件、区域居住条件、区域环境卫生条件、区域社会保障条件、区域医疗水平、区域安全条件、区域自然资源条件 10 个二级指标。教育科技影响因素包含区域教育水平及区域科技水平 2 个二级指标，前者包含普通高等学校数、普通高等学校专任教师数、教育支出占 GDP 比重、教育普及程度 4 个测度指标，后者包含规模以上工业企业 R&D 经费支出占 GDP 比重、科学研究与开发机构数、技术市场成交额、科研设施的完备性、在职培训人数、科研政策的创新性 6 个测度指标。经济发展影响因素包含区域居民人均可支配收入、区域第三产业机构数、区域第三产业增加值、区域第三产业就业人员数、区域城镇登记失业率、区域全员劳动生产率 6 个测度指标。人才服务影响因素包含区域人才管理政策的完备性、区域人才市场体系的健全性、区域人才市场服务的水平、区域人才的领导管理水平 4 个测度指标。人文文化影响因素包含区域人均文教娱乐服务消费支出、区域群众文化服务业机构数、区域文化及相关产业从业人员数、区域等级运动员发展数、区域集体认知水平、区域和谐水平、区域创造力水平 7 个测度指标。

4.3　各因素对西部地区创新人才聚集效应的影响程度

通过第 3 章的内容，实现了对西部地区创新人才聚集效应形成机理研究，本章进一步计算西部地区创新人才聚集效应与其影响因素的灰色关联度，旨在分析各因素对西部地区创新人才聚集效应的具体影响程度。

由西部地区创新人才聚集效应的影响因素指标体系可知，西部地区创新人才聚集效应的影响因素包括社会生活环境、教育科技环境、经济发展环境、人才服务环境、人文文化环境五个层面，共 37 个具体测量指标；由西部地区创新人才聚集效应的评价指标体系可知，西部地区创新人才聚集效应包括知识共享效应、创新网络效应、集体学习效应、地区品牌效应及规模效应五个层面，共 14 个具体测量指标。为了更好地进行西部地区创新人才聚集效应及其影响因素的分析，本书收集 2011～2015 的数据，分析西部地区 5 年的创新人才聚集效应及其影响因素的协同变化情况。

4.3.1 原始数据的收集

4.3.1.1 西部地区创新人才聚集效应的评价数据

本章通过相对偏差模糊矩阵法，已经得出西部地区 2011～2015 年创新人才聚集效应的具体评价结果。

4.3.1.2 西部地区创新人才聚集效应影响因素的数据

数据来源主要为 2010～2016 年的《中国统计年鉴》《中国科技统计年鉴》《中国劳动统计年鉴》。需要指出的是，西部地区创新人才聚集效应的影响因素指标体系中有的数据能通过查询统计年鉴直接得出，有的需要进行一定运算，有的则是通过专家打分而来。

具体来说：（1）空气质量指数的衡量是由废气中主要污染物排放组成，主要是将二氧化硫排放量、氮氧化物排放量、烟粉尘排放量进行加总；教育普及程度由每十万人口高等学校平均在校生数来衡量；养老保险、失业保险、医疗保险参保人数是分别统计各省份养老保险、失业保险、医疗保险参保人数，再将三者进行加总得出最后的数据；社会治安、交通安全、生活安全、生产安全的综合性指标主要由各省份的交通事故直接财产损失及火灾事故直接财产损失加总而来；关于全员劳动生产率，按照全员劳动生产率 = 工业增加值/全部从业人员平均人数这一计算公式进行计算得出。（2）科研政策的创新性、区域和谐水平等这类评价指标，本书邀请西部地区 10 个省份的人力资源和社会保障部、高校、高新技术企业等共 30 位专家进行比较打分获得，具体的得分区间为 [0, 5]，每个省份历年的得分取专家打分的均值。

西部地区创新人才聚集效应影响因素的各项原始数据见附录 D。

4.3.2　各因素对创新人才聚集效应的影响程度分析

4.3.2.1　灰色关联分析法的基本内容

1982 年，邓聚龙提出了灰色系统理论。对复杂系统而言，借助全新的思想、方法和模型，该理论的提出能大大简化对其行为特征的探索和描述。基于灰色系统理论，邓聚龙又提出了灰色关联分析法（GRA），该法能量化分析某一发展变化系统的动态过程和发展态势。与其他方法相比，灰色关联分析法能将各因素间的亲疏序次和空间分布规律更好地反映出来，同时能更好地处理某种内涵和外延不十分清晰且样本容量较少的数据，量化结果与定性分析结果不符的情况不会出现。根据序列取向几何形状的相似程度来判断其联系是否密切是灰色关联分析法的基本思想。相应序列之间的关联度越大，曲线越接近，反之越远离。使用该法时，需要概念化、模型化意图观点和要求，从而将灰色系统从结构、模型、关系上逐渐由黑变白，逐渐明确不明确因素，从而揭示出系统内各因素的关联度。

作为一种多因素的统计分析方法，GRA 方法描述因素间强弱的大小和次序时，使用的是各因素的样本数据和灰色关联度。如果数据列显示，两因素变化的态势（方向、大小、速度等）基本一致，则它们之间的关联度较大；反之，关联度较小。按照是否无量纲处理原始数据，绝对关联度和相对关联度都是灰色关联度的组成部分，其中，未对样本作无量纲处理时的关联度被称为绝对关联度，样本经过无量纲处理后的关联度就是相对关联度。用经过无量纲处理后的数据替换，就可得到相对关联度。无量纲处理方法大致有两种：均值化方法和初值化方法。经过处理后的数据就是原始数据的均值像与初值像。将绝对关联度和相对关联度经过适当组合即可得到综合关联度（灰色关联度）。

灰色关联分析法的具体步骤如下。

（1）设有参考序列为 $X_0 = \{x_0(1), x_0(2), \cdots, x_0(k)\}$ 及比较序列为 $X_i = \{x_i(1), x_i(2), \cdots, x_i(k)\}$。

（2）初始化数据。分别对参考序列和比较序列进行初始化处理，使之无量纲化和归一化。

（3）求关联系数 $\xi_{0i}(k)$。

$$\xi_{0i}(k) = \frac{\min\limits_{i}\min\limits_{k}|X_0(k) - X_i(k)| + \rho\max\limits_{i}\max\limits_{k}|X_0(k) - X_i(k)|}{|X_0(k) - X_i(k)| + \rho\max\limits_{i}\max\limits_{k}|X_0(k) - X_i(k)|}$$

其中，$i = 1,2,\cdots,n; k = 1,2,\cdots,m$；$|X_0(k) - X_i(k)|$ 是第 k 个点的 X_0 和 X_i 的绝对误差；$\min\limits_{i}\min\limits_{k}|X_0(k) - X_i(k)|$ 和 $\max\limits_{i}\max\limits_{k}|X_0(k) - X_i(k)|$ 分别为两级最小差和两级最大差；$\min\limits_{k}|X_0(k) - X_i(k)|$ 和 $\max\limits_{k}|X_0(k) - X_i(k)|$ 分别为第一级最小差和第一级最大差；ρ 为分辨率，一般取 0.5。

（4）计算序列 X_0 和 X_i 的关联度 γ_i。γ_i 越大，表示序列 X_0 和 X_i 的关联程度越大，反之亦然。

$$\gamma_i = \frac{1}{m}\sum_{k=1}^{m}\xi_{0i}(k), i = 1,2,\cdots,n; k = 1,2,\cdots,m$$

（5）对关联度求均值可得出所有 X_0 和 X_i 的综合关联度，即：

$$\gamma = \frac{1}{n}\sum_{i=1}^{n}\gamma_i$$

4.3.2.2　对原始数据的处理

西部地区 2011～2015 年创新人才聚集效应水平及其影响因素的原始统计数据见表 4-12。其中：指标 x1a～x1j 为社会生活因素指标，x2a～x2j 为教育科技因素指标，x3a～x3f 为经济发展因素指标，x4a～x4d 为人才服务因素指标，x5a～x5g 为人文文化因素指标，y 为创新人才聚集总效应水平；x 为自变量，y 为因变量。由于空气质量指数（x1b）以及社会治安、交通事故等损失（x1i）这两项指标是逆指标，所以先将其转化为正指标。本书根据李先琨提出的倒数法将空气质量指数（x1b）以及社会治安、交通事故等损失（x1i）这两项指标进行处理，使其成为正指标，处理后的数据见附录 E。

表4－12　西部地区2011～2015年创新人才聚集效应及其影响因素的原始数据

年份	普查总人口(万人)(x1a)	空气质量指数(万吨)(x1b)	人均公园绿地面积(平方米/元)(x1c)	每万人拥有公共交通车辆(标台)(x1d)	住宅商品房平均销售价格(元/平方米)(x1e)	每万人拥有公共厕所(座)(x1f)	养老保险、失业保险、医疗保险参保人数(万人)(x1g)	每万人卫生医疗机构床位数(张)(x1h)	社会治安、交通事故等损失(万元)(x1i)	人均水资源量(立方米/人)(x1j)	普通高等学校数(所)(x2a)	普通高等学校专任教师数(万人)(x2b)	教育支出占GDP比重(%)(x2c)	教育普及程度(人)(x2d)	规模以上工业企业R&D经费占GDP比重(%)(x2e)
2011	29095	13877136.72	11.174	11.617	3944.689	2.920	16069.40	38.127	84440.30	17503.236	464	26.27	8.20	18580	1.197
2012	29256	13686196.06	11.475	11.857	4276.308	2.600	22134.60	43.747	54490.50	17102.242	477	27.79	5.70	19743	0.538
2013	29420	13638924.11	12.104	12.371	4621.900	3.047	28590.30	48.347	73545.10	17064.103	491	29.40	5.70	20602	0.552
2014	29580	13396459.17	12.723	12.544	4973.600	3.072	30086.10	51.530	77350.20	17135.398	507	30.75	6.80	21453	0.579
2015	29826	12460073.89	12.900	12.530	4937.000	3.068	30781.30	54.512	78471.40	14730.113	518	31.84	7.20	21887	0.596

年份	科学研究与开发机构数(个)(x2f)	技术市场成交额(亿元)(x2g)	科研设施的完备性(x2h)	在职培训人数(人)(x2i)	科研政策的创新性(x2j)	居民人均可支配收入(元)(x3a)	第三产业机构数(个)(x3b)	第三产业增加值(亿元)(x3c)	第三产业就业人员数(人)(x3d)	城镇登记失业率(%)(x3e)	全员劳动生产率(元/人)(x3f)	人才管理政策的完备性(x4a)	人才市场服务体系的健全性(x4b)	人才市场服务的水平(x4c)	人才的领导管理水平(x4d)
2011	411	454.51	1.00	490482	1.00	12432.28	1090162	27410.32	22167659	3.67	10.859	0.99	1.00	1.00	1.01
2012	724	655.89	1.01	453801	1.00	13545.16	1197950	32222.24	22684984	3.41	11.365	1.00	1.01	0.98	0.99
2013	596	963.85	0.99	387359	1.00	14990.84	1289017	38673.32	23322274	3.37	10.483	1.01	1.00	1.01	0.99
2014	669	1212.85	1.00	321764	1.00	17134.47	1562101	43269.48	25594729	3.34	11.123	0.99	0.99	1.00	1.00
2015	728	1322.31	1.01	341346	1.01	19428.76	1796926	49187.12	27218673	3.31	10.683	0.98	0.98	0.99	0.99

年份	人均文教娱乐服务消费支出(元)(x5a)	群众文化服务机构数(个)(x5b)	文化及相关产业服务业人员数(人)(x5c)	等级运动员发展数(人)(x5d)	集体认知水平(x5e)	和谐水平(x5f)	创造力水平(x5g)	聚集效应(y)
2011	9256.20	1312	251300	6250	1.00	3.81	1.00	0.312
2012	10189.90	1516	247700	7674	1.00	3.92	1.10	0.334

续表

年份	人均文教娱乐服务消费支出(元)(x5a)	群众文化服务业机构数(个)(x5b)	文化及相关产业从业人员数(人)(x5c)	等级运动员发展数(人)(x5d)	集体认知水平(x5e)	利谐水平(x5f)	创造力水平(x5g)	聚集效应(y)
2013	11318.90	1833	163492	8695	1.00	3.98	1.00	0.341
2014	12588.10	2031	224074	8086	1.00	4.08	0.99	0.362
2015	13799.40	2325	278674	7589	1.00	4.16	0.98	0.375

注：本书计算西部地区创新人才聚集效应使用相对偏差模糊矩阵法，由于使用该方法得出的分数越小，聚集效应越强，因此本书利用的因变量（聚集效应）是进行逆化后的数据。

资料来源：2012~2016年《中国统计年鉴》。

（1）根据灰色关联分析法，将创新人才聚集总效应水平（y）作为参考序列 X_0，将普查总人口（x1a）～创造力水平（x5g）作为比较序列 X_i。

（2）初始化数据。分别对参考序列 X_0 和比较序列 X_i 进行初始化处理，使之无量纲化和归一化，得到表 4-13 所示的归一化和无量纲化数据。

（3）根据 $|X_0(k) - X_i(k)|$ 是第 k 个点的 X_0 和 X_i 的绝对误差求各序列差为：

$\Delta_1 = (0, 0.168, 0.089, 0.038, 0.107)$　$\Delta_2 = (0, 0.160, 0.083, 0.056, 0.196)$

$\Delta_3 = (0, 0.147, 0.017, 0.084, 0.237)$　$\Delta_4 = (0, 0.153, 0.036, 0.025, 0.161)$

$\Delta_5 = (0, 0.089, 0.071, 0.206, 0.334)$　$\Delta_6 = (0, 0.283, 0.057, 0.003, 0.133)$

$\Delta_7 = (0, 0.204, 0.679, 0.817, 0.998)$　$\Delta_8 = (0, 0.026, 0.168, 0.297, 0.512)$

$\Delta_9 = (0, 0.376, 0.048, 0.037, 0.158)$　$\Delta_{10} = (0, 0.196, 0.126, 0.076, 0.076)$

$\Delta_{11} = (0, 0.145, 0.042, 0.038, 0.199)$　$\Delta_{12} = (0, 0.116, 0.019, 0.116, 0.294)$

$\Delta_{13} = (0, 0.478, 0.405, 0.226, 0.040)$　$\Delta_{14} = (0, 0.111, 0.008, 0.100, 0.260)$

$\Delta_{15} = (0, 0.724, 0.639, 0.571, 0.420)$　$\Delta_{16} = (0, 0.588, 0.350, 0.573, 0.853)$

$\Delta_{17} = (0, 0.270, 1.020, 1.614, 1.992)$　$\Delta_{18} = (0, 0.164, 0.110, 0.055, 0.092)$

$\Delta_{19} = (0, 0.248, 0.311, 0.399, 0.222)$　$\Delta_{20} = (0, 0.174, 0.100, 0.055, 0.092)$

$\Delta_{21} = (0, 0.084, 0.105, 0.323, 0.645)$　$\Delta_{22} = (0, 0.075, 0.082, 0.378, 0.731)$

$\Delta_{23} = (0, 0.002, 0.310, 0.524, 0.877)$　$\Delta_{24} = (0, 0.150, 0.048, 0.100, 0.310)$

$\Delta_{25} = (0, 0.244, 0.182, 0.145, 0.016)$　$\Delta_{26} = (0, 0.127, 0.135, 0.030, 0.066)$

$\Delta_{27} = (0, 0.163, 0.080, 0.055, 0.072)$　$\Delta_{28} = (0, 0.164, 0.100, 0.065, 0.062)$

$\Delta_{29} = (0, 0.194, 0.090, 0.055, 0.082)$　$\Delta_{30} = (0, 0.193, 0.120, 0.065, 0.062)$

$\Delta_{31} = (0, 0.073, 0.122, 0.305, 0.573)$　$\Delta_{32} = (0, 0.018, 0.297, 0.493, 0.854)$

$\Delta_{33} = (0, 0.188, 0.450, 0.163, 0.191)$　$\Delta_{34} = (0, 0.054, 0.291, 0.239, 0.296)$

$\Delta_{35} = (0, 0.174, 0.100, 0.055, 0.082)$　$\Delta_{36} = (0, 0.145, 0.056, 0.016, 0.174)$

$\Delta_{37} = (0, 0.074, 0.100, 0.065, 0.062)$

则两级差分别为：

$$\min_i \min_k |X_0(k) - X_i(k)| = 0$$
$$\max_i \max_k |X_0(k) - X_i(k)| = 1.992$$

表4-13　处理后数据

年份	普查总人口（万人）(x1a)	空气质量指数（万吨）(x1b)	人均公园绿地面积（平方米/元）(x1c)	每万人拥有公共交通车辆（标台）(x1d)	住宅商品房平均销售价格（元/平方米）(x1e)	每万人拥有公共厕所（座）(x1f)	养老保险、失业保险、医疗保险参保人数（万人）(x1g)	每万人卫生医疗机构床位数（张）(x1h)	社会治安、交通事故等损失（万元）(x1i)	人均水资源量（立方米/人）(x1j)	普通高等学校数（所）(x2a)	普通高等学校专任教师数（万人）(x2b)	教育支出占GDP比重（%）(x2c)	教育普及程度（人）(x2d)	规模以上工业企业R&D经费占GDP比重（%）(x2e)
2011	1.000	1.000	1.000	1.000	1.000	1.000	1.000	1.000	1.000	1.000	1.000	1.000	1.000	1.000	1.000
2012	1.006	1.014	1.027	1.021	1.084	0.890	1.377	1.147	1.550	0.977	1.028	1.058	0.695	1.063	0.449
2013	1.011	1.017	1.083	1.065	1.172	1.043	1.779	1.268	1.148	0.975	1.058	1.119	0.695	1.109	0.461
2014	1.017	0.999	1.139	1.080	1.261	1.052	1.872	1.352	1.092	0.979	1.093	1.171	0.829	1.155	0.484
2015	1.025	1.114	1.154	1.079	1.252	1.051	1.916	1.430	1.076	0.842	1.116	1.212	0.878	1.178	0.498

年份	科学研究与开发机构数（个）(x2f)	技术市场成交额（亿元）(x2g)	科研设施的完备性 (x2h)	在职培训人数（人）(x2i)	科研政策的创新性 (x2j)	居民人均可支配人（元）(x3a)	第三产业机构数（个）(x3b)	第三产业增加值（亿元）(x3c)	第三产业就业人员数（人）(x3d)	城镇登记失业率（%）(x3e)	全员劳动生产率（元/人）(x3f)	人才管理政策的完备性 (x4a)	人才市场体系的健全性 (x4b)	人才市场服务的水平 (x4c)	人才的领导管理水平 (x4d)
2011	1.000	1.000	1.000	1.000	1.000	1.000	1.000	1.000	1.000	1.000	1.000	1.000	1.000	1.000	1.000
2012	1.762	1.443	1.010	0.925	1.000	1.090	1.099	1.176	1.023	0.929	1.047	1.010	1.010	0.980	0.980
2013	1.450	2.121	0.990	0.790	1.000	1.206	1.182	1.411	1.052	0.918	0.965	1.020	1.000	1.010	0.980
2014	1.628	2.668	1.000	0.656	1.000	1.378	1.433	1.579	1.155	0.910	1.024	1.000	0.990	1.000	0.990
2015	1.771	2.909	1.010	0.696	1.010	1.563	1.648	1.794	1.228	0.902	0.984	0.990	0.980	1.000	0.980

续表

年份	人均文教娱乐服务消费支出（元）(x5a)	群众文化服务业机构数（个）(x5b)	文化及相关产业从业人员数（人）(x5c)	等级运动员发展数（人）(x5d)	集体认知水平(x5e)	和谐水平(x5f)	创造力水平(x5g)	聚集效应(y)
2011	1.000	1.000	1.000	1.000	1.000	1.000	1.000	1.000
2012	1.101	1.155	0.986	1.228	1.000	1.029	1.100	1.071
2013	1.223	1.397	0.651	1.391	1.000	1.045	1.000	1.093
2014	1.360	1.548	0.892	1.294	1.000	1.071	0.990	1.160
2015	1.491	1.772	1.109	1.214	1.000	1.092	0.980	1.202

由于关联系数 $\xi_{0i}(k) = \dfrac{\min\limits_{i}\min\limits_{k}|X_0(k)-X_i(k)|+\rho\max\limits_{i}\max\limits_{k}|X_0(k)-X_i(k)|}{|X_0(k)-X_i(k)|+\rho\max\limits_{i}\max\limits_{k}|X_0(k)-X_i(k)|}$

且 ρ 一般取 0.5，所以 $\xi_{0i}(k) = \dfrac{0+0.5\times 1.992}{|X_0(k)-X_i(k)|+0.5\times 1.992} =$

$\dfrac{0.996}{|X_0(k)-X_i(k)|+0.996}$ 。

（4）以普查总人口（x1a）为例，计算该影响因素与聚集效应水平 X_0 关

联度 γ_{y1}：$\gamma_{y1} = \dfrac{1}{5}\left(\dfrac{0.996}{0+0.996} + \dfrac{0.996}{0.168+0.996} + \dfrac{0.996}{0.089+0.996} + \right.$

$\left.\dfrac{0.996}{0.038+0.996} + \dfrac{0.996}{0.107+0.996}\right) = 0.9280$，同理，计算剩余影响因素与创

新人才聚集效应水平的关联度，分别为：

$$\gamma_{y2} = \frac{1}{5}\left(\frac{0.996}{0+0.996} + \frac{0.996}{0.160+0.996} + \frac{0.996}{0.083+0.996} + \frac{0.996}{0.056+0.996} + \right.$$

$$\left.\frac{0.996}{0.196+0.996}\right) = 0.9134$$

$$\gamma_{y3} = \frac{1}{5}\left(\frac{0.996}{0+0.996} + \frac{0.996}{0.147+0.996} + \frac{0.996}{0.017+0.996} + \frac{0.996}{0.084+0.996} + \right.$$

$$\left.\frac{0.996}{0.237+0.996}\right) = 0.9169$$

$$\gamma_{y4} = \frac{1}{5}\left(\frac{0.996}{0+0.996} + \frac{0.996}{0.153+0.996} + \frac{0.996}{0.036+0.996} + \frac{0.996}{0.025+0.996} + \right.$$

$$\left.\frac{0.996}{0.161+0.996}\right) = 0.9337$$

$$\gamma_{y5} = \frac{1}{5}\left(\frac{0.996}{0+0.996} + \frac{0.996}{0.089+0.996} + \frac{0.996}{0.071+0.996} + \frac{0.996}{0.206+0.996} + \right.$$

$$\left.\frac{0.996}{0.334+0.996}\right) = 0.8858$$

$$\gamma_{y6} = \frac{1}{5}\left(\frac{0.996}{0+0.996} + \frac{0.996}{0.204+0.996} + \frac{0.996}{0.679+0.996} + \frac{0.996}{0.817+0.996} + \right.$$

$$\left.\frac{0.996}{0.998+0.996}\right) = 0.6947$$

$$\gamma_{y7} = \frac{1}{5} \left(\frac{0.996}{0+0.996} + \frac{0.996}{0.283+0.996} + \frac{0.996}{0.057+0.996} + \frac{0.996}{0.003+0.996} + \right.$$

$$\left. \frac{0.996}{0.133+0.996} \right) = 0.9208$$

$$\gamma_{y8} = \frac{1}{5} \left(\frac{0.996}{0+0.996} + \frac{0.996}{0.026+0.996} + \frac{0.996}{0.168+0.996} + \frac{0.996}{0.297+0.996} + \right.$$

$$\left. \frac{0.996}{0.512+0.996} \right) = 0.8522$$

$$\gamma_{y9} = \frac{1}{5} \left(\frac{0.996}{0+0.996} + \frac{0.996}{0.376+0.996} + \frac{0.996}{0.048+0.996} + \frac{0.996}{0.037+0.996} + \right.$$

$$\left. \frac{0.996}{0.158+0.996} \right) = 0.9014$$

$$\gamma_{y10} = \frac{1}{5} \left(\frac{0.996}{0+0.996} + \frac{0.996}{0.196+0.996} + \frac{0.996}{0.126+0.996} + \frac{0.996}{0.076+0.996} + \right.$$

$$\left. \frac{0.996}{0.076+0.996} \right) = 0.9163$$

$$\gamma_{y11} = \frac{1}{5} \left(\frac{0.996}{0+0.996} + \frac{0.996}{0.145+0.996} + \frac{0.996}{0.042+0.996} + \frac{0.996}{0.038+0.996} + \right.$$

$$\left. \frac{0.996}{0.199+0.996} \right) = 0.9258$$

$$\gamma_{y12} = \frac{1}{5} \left(\frac{0.996}{0+0.996} + \frac{0.996}{0.116+0.996} + \frac{0.996}{0.019+0.996} + \frac{0.996}{0.116+0.996} + \right.$$

$$\left. \frac{0.996}{0.294+0.996} \right) = 0.9089$$

$$\gamma_{y13} = \frac{1}{5} \left(\frac{0.996}{0+0.996} + \frac{0.996}{0.478+0.996} + \frac{0.996}{0.405+0.996} + \frac{0.996}{0.226+0.996} + \right.$$

$$\left. \frac{0.996}{0.040+0.996} \right) - 0.8326$$

$$\gamma_{y14} = \frac{1}{5} \left(\frac{0.996}{0+0.996} + \frac{0.996}{0.111+0.996} + \frac{0.996}{0.008+0.996} + \frac{0.996}{0.100+0.996} + \right.$$

$$\left. \frac{0.996}{0.260+0.996} \right) = 0.9187$$

$$\gamma_{y15} = \frac{1}{5} \left(\frac{0.996}{0+0.996} + \frac{0.996}{0.724+0.996} + \frac{0.996}{0.639+0.996} + \frac{0.996}{0.571+0.996} + \right.$$

$$\frac{0.996}{0.420 + 0.996}\Big) = 0.7054$$

$$\gamma_{y16} = \frac{1}{5}\left(\frac{0.996}{0 + 0.996} + \frac{0.996}{0.588 + 0.996} + \frac{0.996}{0.350 + 0.996} + \frac{0.996}{0.573 + 0.996} + \right.$$

$$\frac{0.996}{0.853 + 0.996}\Big) = 0.7084$$

$$\gamma_{y17} = \frac{1}{5}\left(\frac{0.996}{0 + 0.996} + \frac{0.996}{0.270 + 0.996} + \frac{0.996}{1.020 + 0.996} + \frac{0.996}{0.614 + 0.996} + \right.$$

$$\frac{0.996}{1.992 + 0.996}\Big) = 0.5991$$

$$\gamma_{y18} = \frac{1}{5}\left(\frac{0.996}{0 + 0.996} + \frac{0.996}{0.164 + 0.996} + \frac{0.996}{0.110 + 0.996} + \frac{0.996}{0.055 + 0.996} + \right.$$

$$\frac{0.996}{0.092 + 0.996}\Big) = 0.9245$$

$$\gamma_{y19} = \frac{1}{5}\left(\frac{0.996}{0 + 0.996} + \frac{0.996}{0.248 + 0.996} + \frac{0.996}{0.311 + 0.996} + \frac{0.996}{0.399 + 0.996} + \right.$$

$$\frac{0.996}{0.222 + 0.996}\Big) = 0.8189$$

$$\gamma_{y20} = \frac{1}{5}\left(\frac{0.996}{0 + 0.996} + \frac{0.996}{0.174 + 0.996} + \frac{0.996}{0.100 + 0.996} + \frac{0.996}{0.055 + 0.996} + \right.$$

$$\frac{0.996}{0.092 + 0.996}\Big) = 0.9246$$

$$\gamma_{y21} = \frac{1}{5}\left(\frac{0.996}{0 + 0.996} + \frac{0.996}{0.084 + 0.996} + \frac{0.996}{0.105 + 0.996} + \frac{0.996}{0.323 + 0.996} + \right.$$

$$\frac{0.996}{0.645 + 0.996}\Big) = 0.8378$$

$$\gamma_{y22} = \frac{1}{5}\left(\frac{0.996}{0 + 0.996} + \frac{0.996}{0.075 + 0.996} + \frac{0.996}{0.082 + 0.996} + \frac{0.996}{0.378 + 0.996} + \right.$$

$$\frac{0.996}{0.731 + 0.996}\Big) = 0.8311$$

$$\gamma_{y23} = \frac{1}{5}\left(\frac{0.996}{0 + 0.996} + \frac{0.996}{0.002 + 0.996} + \frac{0.996}{0.310 + 0.996} + \frac{0.996}{0.524 + 0.996} + \right.$$

$$\frac{0.996}{0.877 + 0.996}\Big) = 0.7895$$

$$\gamma_{y24} = \frac{1}{5} \left(\frac{0.996}{0+0.996} + \frac{0.996}{0.150+0.996} + \frac{0.996}{0.048+0.996} + \frac{0.996}{0.100+0.996} + \right.$$

$$\left. \frac{0.996}{0.310+0.996} \right) = 0.8989$$

$$\gamma_{y25} = \frac{1}{5} \left(\frac{0.996}{0+0.996} + \frac{0.996}{0.244+0.996} + \frac{0.996}{0.182+0.996} + \frac{0.996}{0.145+0.996} + \right.$$

$$\left. \frac{0.996}{0.016+0.996} \right) = 0.9012$$

$$\gamma_{y26} = \frac{1}{5} \left(\frac{0.996}{0+0.996} + \frac{0.996}{0.127+0.996} + \frac{0.996}{0.135+0.996} + \frac{0.996}{0.030+0.996} + \right.$$

$$\left. \frac{0.996}{0.066+0.996} \right) = 0.9352$$

$$\gamma_{y27} = \frac{1}{5} \left(\frac{0.996}{0+0.996} + \frac{0.996}{0.163+0.996} + \frac{0.996}{0.080+0.996} + \frac{0.996}{0.055+0.996} + \right.$$

$$\left. \frac{0.996}{0.072+0.996} \right) = 0.9331$$

$$\gamma_{y28} = \frac{1}{5} \left(\frac{0.996}{0+0.996} + \frac{0.996}{0.164+0.996} + \frac{0.996}{0.100+0.996} + \frac{0.996}{0.065+0.996} + \right.$$

$$\left. \frac{0.996}{0.062+0.996} \right) = 0.9295$$

$$\gamma_{y29} = \frac{1}{5} \left(\frac{0.996}{0+0.996} + \frac{0.996}{0.194+0.996} + \frac{0.996}{0.090+0.996} + \frac{0.996}{0.055+0.996} + \right.$$

$$\left. \frac{0.996}{0.082+0.996} \right) = 0.9251$$

$$\gamma_{y30} = \frac{1}{5} \left(\frac{0.996}{0+0.996} + \frac{0.996}{0.193+0.996} + \frac{0.996}{0.120+0.996} + \frac{0.996}{0.065+0.996} + \right.$$

$$\left. \frac{0.996}{0.062+0.996} \right) = 0.9221$$

$$\gamma_{y31} = \frac{1}{5} \left(\frac{0.996}{0+0.996} + \frac{0.996}{0.073+0.996} + \frac{0.996}{0.122+0.996} + \frac{0.996}{0.305+0.996} + \right.$$

$$\left. \frac{0.996}{0.573+0.996} \right) = 0.8446$$

$$\gamma_{y32} = \frac{1}{5} \left(\frac{0.996}{0+0.996} + \frac{0.996}{0.018+0.996} + \frac{0.996}{0.297+0.996} + \frac{0.996}{0.493+0.996} + \right.$$

$$\left. \frac{0.996}{0.854 + 0.996} \right) = 0.7920$$

$$\gamma_{y33} = \frac{1}{5} \left(\frac{0.996}{0 + 0.996} + \frac{0.996}{0.188 + 0.996} + \frac{0.996}{0.450 + 0.996} + \frac{0.996}{0.163 + 0.996} + \right.$$

$$\left. \frac{0.996}{0.191 + 0.996} \right) = 0.8457$$

$$\gamma_{y34} = \frac{1}{5} \left(\frac{0.996}{0 + 0.996} + \frac{0.996}{0.054 + 0.996} + \frac{0.996}{0.291 + 0.996} + \frac{0.996}{0.239 + 0.996} + \right.$$

$$\left. \frac{0.996}{0.296 + 0.996} \right) = 0.8600$$

$$\gamma_{y35} = \frac{1}{5} \left(\frac{0.996}{0 + 0.996} + \frac{0.996}{0.174 + 0.996} + \frac{0.996}{0.100 + 0.996} + \frac{0.996}{0.055 + 0.996} + \right.$$

$$\left. \frac{0.996}{0.082 + 0.996} \right) = 0.9263$$

$$\gamma_{y36} = \frac{1}{5} \left(\frac{0.996}{0 + 0.996} + \frac{0.996}{0.145 + 0.996} + \frac{0.996}{0.056 + 0.996} + \frac{0.996}{0.016 + 0.996} + \right.$$

$$\left. \frac{0.996}{0.174 + 0.996} \right) = 0.9310$$

$$\gamma_{y37} = \frac{1}{5} \left(\frac{0.996}{0 + 0.996} + \frac{0.996}{0.074 + 0.996} + \frac{0.996}{0.100 + 0.996} + \frac{0.996}{0.065 + 0.996} + \right.$$

$$\left. \frac{0.996}{0.062 + 0.996} \right) = 0.9439$$

4.3.2.3 结果的分析

由此，通过灰色关联分析法得到西部地区创新人才聚集效应及其影响因素的关联度见表4-14。

表4-14　　西部地区创新人才聚集效应及其影响因素的灰色关联度

一级指标	二级指标	三级指标	各指标关联度	综合关联度
社会生活	区域人口	人口普查总人口	0.9280	0.8863
	区域空气质量	空气质量指数	0.9134	
	区域公共绿地条件	人均公园绿地面积	0.9169	
	区域交通运输条件	每万人拥有公共交通车辆	0.9337	
	区域居住条件	住宅商品房平均销售价格	0.8858	
	区域环境卫生条件	每万人拥有公共厕所	0.6947	

续表

一级指标	二级指标	三级指标	各指标关联度	综合关联度
社会生活	区域社会保障条件	养老保险、失业保险、城镇医疗保险参保人数	0.9208	0.8863
	区域医疗水平	每千人拥有卫生医疗机构床位数	0.8522	
	区域安全条件	社会治安、交通事故等损失	0.9014	
	区域自然资源条件	人均水资源量	0.9163	
教育科技	区域教育水平	普通高等学校数	0.9258	0.8267
		普通高等学校专任教师数	0.9089	
		教育支出占 GDP 比重	0.8326	
		教育普及程度	0.9187	
	区域科技水平	规模以上工业企业 R&D 经费占 GDP 比重	0.7054	
		科学研究与开发机构数	0.7084	
		技术市场成交额	0.5991	
		科研设施的完备性	0.9245	
		在职培训人数	0.8189	
		科研政策的创新性	0.9246	
经济发展		区域居民人均可支配收入	0.8378	0.8656
		区域第三产业机构数	0.8311	
		区域第三产业增加值	0.7895	
		区域第三产业就业人员数	0.8989	
		区域城镇登记失业率	0.9012	
		区域全员劳动生产率	0.9352	
人才服务		区域人才管理政策的完备性	0.9331	0.9109
		区域人才市场体系的健全性	0.9295	
		区域人才市场服务的水平	0.9251	
		区域人才的领导管理水平	0.9221	
人文文化		区域人均文教娱乐服务消费支出	0.8446	0.8776
		区域群众文化服务业机构数	0.7920	
		区域文化及相关产业从业人员数	0.8457	
		等级运动员发展数	0.8600	
		区域集体认知水平	0.9263	
		区域和谐水平	0.9310	
		区域创造力水平	0.9439	

　　分析上述关联度结果可知，西部地区创新人才聚集效应水平与社会生活因素、教育科技因素、经济发展因素、人才服务因素、人文文化因素的综合关联度都极高，分别为 0.8863、0.8267、0.8656、0.9109、0.8776。其中，人才服务因素对创新人才聚集效应水平起的作用最为重要，为 0.9109；社会生活因素、人文文化因素、经济发展因素以及教育科技因素依次往后。而且，

对于西部地区创新人才聚集效应水平来说，不同维度因素中各分指标的影响程度大小不一，区域科技水平中的技术市场成交额与西部地区创新人才聚集效应水平的关联度仅为 0.5991，而人文文化因素中的区域创造力水平与西部地区创新人才聚集效应水平的关联度为 0.9439。

4.3.3 主要影响因素的识别

分析西部地区创新人才聚集效应及其影响因素的关联度可知，社会生活、教育科技、经济发展、人才服务、人文文化每个维度中有的因素与创新人才聚集效应的关联度高，有的则较低，为此，为了识别出能真正驱动西部地区创新人才聚集效应的因素，本书将关联度高于 0.9 的三级指标保留，得到西部地区创新人才聚集效应的主要影响因素（见表 4-15），共包含具体测度指标 21 个。

表 4-15　　　　　　　西部地区创新人才聚集效应的主要影响因素

维度	测度指标	关联度
社会生活	人口普查总人口	0.9280
	空气质量指数	0.9134
	人均公园绿地面积	0.9169
	每万人拥有公共交通车辆	0.9337
	养老保险、失业保险、城镇医疗保险参保人数	0.9208
	社会治安、交通事故等损失	0.9014
	人均水资源量	0.9163
教育科技	普通高等学校数	0.9258
	普通高等学校专任教师数	0.9089
	教育普及程度	0.9187
	科研设施的完备性	0.9245
	科研政策的创新性	0.9246
经济发展	区域城镇登记失业率	0.9012
	区域全员劳动生产率	0.9352
人才服务	区域人才管理政策的完备性	0.9331
	区域人才市场体系的健全性	0.9295
	区域人才市场服务的水平	0.9251
	区域人才的领导管理水平	0.9221
人文文化	区域集体认知水平	0.9263
	区域和谐水平	0.9310
	区域创造力水平	0.9439

4.4　各省份创新人才聚集效应影响因素的差异性

4.4.1　各省份影响因素的对比分析

识别出西部地区创新人才聚集效应的主要影响因素之后，为了深入揭示这些因素对西部地区的影响程度，本书以 2015 年为例，分别研究这些影响因素对陕西、甘肃、宁夏、青海、新疆、西藏、云南、贵州、四川和重庆等 10 个省份的影响程度及大小。西部地区 2015 年陕西、甘肃、宁夏、青海、新疆、西藏、云南、贵州、四川和重庆等 10 个省份创新人才聚集效应的评价结果及主要影响因素的原始统计数据详见附录 D。其中，空气质量指数（x1b）以及社会治安、交通事故等损失（x1i）这两项指标是逆指标，所以先将其转化为正指标。根据李先琨提出的倒数法将空气质量指数（x1b）以及社会治安、交通事故等损失（x1i）这两项指标进行处理，处理后的数据见附录 E。

第一，根据灰色关联分析法，将陕西、甘肃、宁夏、青海、新疆、西藏、云南、贵州、四川和重庆等 10 个省份创新人才聚集总效应水平（y）作为参考序列 X_0，将普查总人口（x1a）～创造力水平（x5g）作为比较序列 X_i。

第二，初始化数据。分别对参考序列 X_0 和比较序列 X_i 进行初始化处理，使之无量纲化和归一化，得到的归一化和无量纲化数据见附录 E。

第三，根据 $|X_0(k) - X_i(k)|$ 是第 k 个点的 X_0 和 X_i 的绝对误差求各序列差为：

$$\Delta_{1-1} = (0.768, 1.685, 0.188, 0.014, 0.611, 0.253, 0.116, 0.783, 0.868, 0.189)$$

$$\Delta_{1-2} = (0.808, 0.916, 0.837, 0.785, 0.720, 0.893, 0.790, 4.302, 2.310, 0.863)$$

$$\Delta_{1-3} = (0.172, 0.138, 0.007, 0.291, 0.425, 0.044, 0.039, 0.168, 0.074, 0.089)$$

$$\Delta_{1-4} = (0.015, 0.014, 0.097, 0.145, 0.136, 0.220, 0.269, 0.077, 0.255, 0.303)$$

$$\Delta_{1-5} = (0.285, 1.555, 0.078, 0.805, 0.659, 0.287, 0.230, 0.802, 0.903, 0.262)$$

$$\Delta_{1-6} = (0.602, 0.904, 0.510, 0.328, 1.412, 0.863, 0.439, 0.527, 2.403, 0.696)$$

$$\Delta_{1-7} = (0.723, 0.881, 0.773, 0.923, 0.970, 0.959, 0.944, 0.297, 7.178, 0.709)$$

$\Delta_{2-1} = (0.340,1.039,0.143,0.210,0.631,0.758,0.119,0.748,0.861,0.131)$

$\Delta_{2-2} = (0.167,1.586,0.038,0.227,0.728,1.070,0.168,0.851,0.895,0.371)$

$\Delta_{2-3} = (0.161,0.009,0.165,0.377,0.046,0.639,0.015,0.397,0.170,0.176)$

$\Delta_{2-4} = (0.200,1.707,0.303,1.152,0.682,1.160,0.393,0.881,0.977,0.584)$

$\Delta_{2-5} = (0.002,1.608,0.402,1.746,0.583,0.665,0.492,0.980,0.977,0.584)$

$\Delta_{3-1} = (0.217,0.173,0.001,0.062,0.230,0.009,0.353,0.013,0.221,0.104)$

$\Delta_{3-2} = (0.123,0.234,0.013,0.226,0.275,0.325,0.352,0.354,0.781,0.171)$

$\Delta_{4-1} = (0.335,1.078,0.126,0.199,0.673,0.818,0.069,0.776,0.875,0.164)$

$\Delta_{4-2} = (0.131,1.588,0.078,0.199,0.775,1.227,0.171,0.878,0.875,0.368)$

$\Delta_{4-3} = (0.008,0.035,0.104,0.074,0.121,0.118,0.187,0.120,0.077,0.080)$

$\Delta_{4-4} = (0.487,2.268,0.491,1.398,0.878,1.204,0.583,0.879,0.977,0.576)$

$\Delta_{5-1} = (0.092,2.135,0.104,0.326,0.779,0.482,0.113,0.680,0.677,0.280)$

$\Delta_{5-2} = (0.042,0.007,0.058,0.008,0.079,0.009,0.022,0.054,0.111,0.018)$

$\Delta_{5-3} = (0.131,1.588,0.078,0.199,0.775,1.227,0.171,0.878,0.875,0.368)$

则两级差分别为：

$$\min_i \min_k |X_0(k) - X_i(k)| = 0.001$$

$$\max_i \max_k |X_0(k) - X_i(k)| = 7.178$$

由于关联系数 $\xi_{0i}(k) = \dfrac{\min\limits_i \min\limits_k |X_0(k) - X_i(k)| + \rho \max\limits_i \max\limits_k |X_0(k) - X_i(k)|}{|X_0(k) - X_i(k)| + \rho \max\limits_i \max\limits_k |X_0(k) - X_i(k)|}$

且 ρ 一般取 0.5，所以 $\xi_{0i}(k) = \dfrac{0.001 + 0.5 \times 7.178}{|X_0(k) - X_i(k)| + 0.5 \times 7.178} = \dfrac{3.59}{|X_0(k) - X_i(k)| + 3.589}$。

第四，以宁夏为例，社会生活维度、教育科技维度、经济发展维度、人才服务维度、人文文化维度的影响因素与宁夏的创新人才聚集效应水平的关联度分别为：

$$\gamma_{宁夏-社会生活} = \frac{1}{7} \left(\frac{3.59}{0.768 + 3.589} + \frac{3.59}{0.808 + 3.589} + \frac{3.59}{0.172 + 3.589} + \right.$$

$$\frac{3.59}{0.015 + 3.589} + \frac{3.59}{0.285 + 3.589} + \frac{3.59}{0.602 + 3.589} + \frac{3.59}{0.723 + 3.589}) = 0.8867$$

$$\gamma_{宁夏-教育科技} = \frac{1}{5}\left(\frac{3.59}{0.340 + 3.589} + \frac{3.59}{0.167 + 3.589} + \frac{3.59}{0.161 + 3.589} + \right.$$

$$\left.\frac{3.59}{0.200 + 3.589} + \frac{3.59}{0.002 + 3.589}\right) = 0.9548$$

$$\gamma_{宁夏-经济发展} = \frac{1}{2}\left(\frac{3.59}{0.217 + 3.589} + \frac{3.59}{0.123 + 3.589}\right) = 0.9552$$

$$\gamma_{宁夏-人才服务} = \frac{1}{4}\left(\frac{3.59}{0.335 + 3.589} + \frac{3.59}{0.131 + 3.589} + \frac{3.59}{0.008 + 3.589} + \right.$$

$$\left.\frac{3.59}{0.487 + 3.589}\right) = 0.9397$$

$$\gamma_{宁夏-人文文化} = \frac{1}{3}\left(\frac{3.59}{0.092 + 3.589} + \frac{3.59}{0.042 + 3.589} + \frac{3.59}{0.131 + 3.589}\right) =$$

0.9764

第五，以宁夏为例，对关联度求均值可得出所有 X_0 和 X_i 的综合关联度为：

$$\gamma_{宁夏} = \frac{1}{n}\sum_{i=1}^{n}\gamma_i = \frac{1}{5}(0.8867 + 0.9548 + 0.9552 + 0.9397 + 0.9764) =$$

0.9426

以此类推，可得其他 9 个省份创新人才聚集总效应水平与影响因素的关联度（见表 4 - 16）。

表 4 - 16　　　10 个省份创新人才聚集效应与影响因素的关联度

省份	社会生活	教育科技	经济发展	人才服务	人文文化	总体关联度
宁夏	0.8867	0.9548	0.9552	0.9397	0.9764	0.9426
四川	0.8196	0.7672	0.9466	0.7666	0.7730	0.8146
贵州	0.9160	0.9460	0.9983	0.9493	0.9785	0.9576
重庆	0.8704	0.8342	0.8220	0.8989	0.9543	0.8760
云南	0.8924	0.8942	0.9546	0.8991	0.9045	0.9090
陕西	0.8840	0.8091	0.9575	0.8194	0.8751	0.8690
甘肃	0.9046	0.9402	0.9108	0.9368	0.9729	0.9331
青海	0.9321	0.9251	0.9536	0.8494	0.9367	0.9194
西藏	0.9229	0.9270	0.9418	0.8735	0.8720	0.9074
新疆	0.8944	0.9092	0.9634	0.9261	0.9435	0.9273

为了更为清晰地表示各个省份创新人才聚集效应与影响因素之间的关系，本书分别绘制了10个省份创新人才聚集效应与影响因素的总体关联度图（如图4-1所示）和10个省份创新人才聚集效应与各维度影响因素的关联度图（如图4-2所示）。

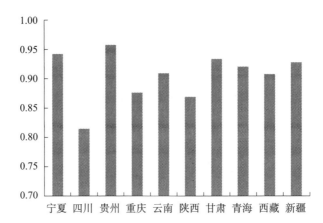

图4-1 10个省份创新人才聚集效应与影响因素的总体关联度

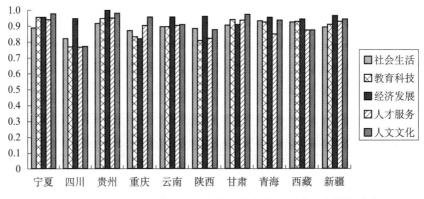

图4-2 10个省份创新人才聚集效应与各维度影响因素的关联度

从图4-1可知，对于陕西、甘肃、宁夏、青海、新疆、西藏、云南、贵州、四川和重庆等10个省份而言，创新人才聚集效应受影响因素程度较大，各省份与影响因素的总体关联度都在0.8以上。但是，10个省份的创新人才聚集效应受影响因素程度亦存在一定的差异，出现了阶梯化的现象：（1）各类影响因素对贵州的创新人才聚集效应影响程度最大，超过了0.95；（2）四川、重庆、陕西的创新人才聚集效应受各影响因素的影响程度相对较低，处于 [0.8，0.9]；（3）宁夏、云南、甘肃、青海、西藏、新疆的创新人才聚集效应受各影响因素的影响程度处于 [0.90，0.95]。

分析图 4 - 2 可知，从社会生活维度、教育科技维度、经济发展维度、人才服务维度、人文文化维度来看，陕西、甘肃、宁夏、青海、新疆、西藏、云南、贵州、四川和重庆等 10 个省份创新人才聚集效应受各维度影响因素的影响程度存在一定差异：（1）在社会生活方面，西藏的创新人才聚集效应受此维度影响较大，而四川受此影响较小；（2）在教育科技方面，宁夏、贵州、甘肃、青海、西藏、新疆的创新人才聚集效应受此维度影响都较大；（3）在经济发展方面，除了重庆的创新人才聚集效应受此维度影响较小之外，其他省份的关联度都高于 0.9；（4）在人才服务方面，宁夏、贵州、甘肃、新疆的创新人才聚集效应受此维度影响较大；（5）在人文文化方面，宁夏、贵州、重庆、青海、新疆的创新人才聚集效应受此维度影响较大。

综合分析可知，陕西、甘肃、宁夏、青海、新疆、西藏、云南、贵州、四川和重庆等 10 个省份的创新人才聚集效应与各影响因素的关联程度都存在差异，这样就会导致不同省份创新人才聚集效应呈现出不同的发展模式和发展轨迹。

4.4.2 各省份影响因素差异的聚类分析

4.4.2.1 具体步骤

在对比分析了各省份创新人才聚集效应与影响因素的关联程度之后，本书采用聚类方法，继续深入研究各省份创新人才聚集效应影响因素的深层机理。聚类分析方法能根据事物本身的特性而分类个体，其秉持的原则就是同一类的个体要尽量相似或接近、不同聚类间个体差异很大。在聚类算法中，划分方法有 K 均值算法，其较为经典，且简单快捷，能有效处理大数据样本。为此，本书采用 K 均值算法。

应用 SPSS 软件进行聚类分析，具体运算步骤如下。

第一步，对照西部地区创新人才聚集效应的主要影响因素，获取陕西、甘肃、宁夏、青海、新疆、西藏、云南、贵州、四川和重庆等 10 个省份 2011～2015 年在各主要影响因素上的具体得分。

第二步，按照聚类间差异概率值达到显著并且任意聚类内部包含的元素个数大于 1 的最优聚类原则，选取最佳聚类个数 K。

第三步，将第一步得到的具体数值以最优聚类个数进行 K 均值聚类分析，得出聚类结果。

4.4.2.2 各省份影响因素的差异化

首先，初始分类聚类对象；然后，按 $K = n$（$n \geqslant 1$ 且为整数）将 K 值逐个代入软件运算，选取最优聚类划分的标准是观测聚类间差异概率值。通过不断的测试，最终选取了 $K = 2$ 为最优聚类划分。分析聚类类别间聚类的方差可知，两个聚类间聚类差异的概率值都小于 0.5，达到显著，聚类效果良好。西部地区各省份创新人才聚集效应影响因素的差异性结果具体见表 4 - 17。

表 4 - 17　　　　各省份创新人才聚集效应影响因素的差异性分析结果

省份	影响因素所属分类
重庆	2
四川	2
贵州	1
云南	1
西藏	1
陕西	2
甘肃	1
青海	1
宁夏	1
新疆	1

注：1 为影响因素不良类，2 为影响因素均衡类。

西部地区陕西、甘肃、宁夏、青海、新疆、西藏、云南、贵州、四川和重庆等 10 个省份创新人才聚集效应的影响因素之间存在显著的差异性，不同省份创新人才聚集效应影响因素可分为两类。

第一，贵州、云南、西藏、甘肃、青海、宁夏和新疆这 7 个省份在社会生活、教育科技、经济发展、人才服务、人文文化的某一个或某几个方面的影响因素中存在"短板"。其中，西藏的创新人才各主要影响因素的得分最低，这是由于特殊的地理位置等原因造成的，而其他地区，如青海和宁夏，这两个省份的教育科技环境得分较低；新疆在社会生活环境方面得分不高；云南和甘肃虽然没有明显的"短板"，但是在社会生活、教育科技、经济发展、人才服务和人文文化五个方面的具体得分平平，与其他发展较好的地域相比没有任何优势；贵州的经济发展水平较为滞后，特别是全员劳动生产率，排在倒数第 3 位。

第二，重庆、四川和陕西这 3 个省份在社会生活、教育科技、经济发展、人才服务和人文文化五个影响因素方面的得分都较好，发展都较为均衡。如四川在经济发展和人才服务方面远远领先于其他省份，而陕西在人文文化建设方面的得分最高，重庆的社会生活环境打造较好。由此可知，优势型的省份，它们不仅在社会生活、教育科技、经济发展、人才服务和人文文化五个维度方面做到均衡发展，更为重要的是，能在某一维度上做得更好、更为突出，这样就能吸引大量的创新人才。

4.5　本章小结

本章旨在研究西部地区创新人才聚集效应的影响因素，主要内容分为四个部分。首先，运用 Nvivo 软件，通过内容分析法对 67 篇学术论文进行探索性内容分析和结构性内容分析，得到西部地区创新人才聚集效应初始影响因素编码表，由 3 级目录 54 个条目构成。其次，通过问卷调查法收集西部地区（陕西、甘肃、宁夏、青海、新疆、西藏、云南、贵州、四川和重庆等 10 个省份）不同性别、年龄、文化程度、行业的被调查者数据，采用 Ridit 分析对 54 个初始影响因素进行进一步筛选，通过统计分析，提取出西部地区创新人才聚集效应 39 个正式影响因素，可聚合到社会生活、教育科技、经济发展、人才服务、人文文化五个层面。再次，基于 39 个正式影响因素，采用灰色关联分析法识别出西部地区创新人才聚集效应的主要影响因素，具体的测度指标减少至 21 个，而且每个指标与西部地区创新人才聚集效应的灰色关联度都高于 0.9。最后，进行西部地区各省份创新人才聚集效应影响因素的差异性分析，旨在了解西部地区 10 个省份在创新人才聚集效应影响因素方面的具体区别。以 2015 年为例，采用灰色关联分析法，对比分析各影响因素对陕西、甘肃、宁夏、青海、新疆、西藏、云南、贵州、四川和重庆等 10 个省份的影响程度及大小；之后，通过使用聚类分析，揭示各省份影响因素的具体表现，其中，贵州、云南、西藏、甘肃、青海、宁夏和新疆这 7 个省份在社会生活、教育科技、经济发展、人才服务和人文文化的某一个或某几个方面的影响因素中存在"短板"；重庆、四川和陕西这 3 个省份在社会生活、教育科技、经济发展、人才服务和人文文化方面的得分都较好，发展较为均衡。

第 5 章

西部地区创新人才聚集效应的
综合问题

第 4 章进行了西部地区创新人才聚集效应的影响因素研究：首先，基于文献研究和问卷调查，构建西部地区创新人才聚集效应的评价指标体系，该指标体系共包含五个维度，分别为知识共享效应、创新网络效应、集体学习效应、地区品牌效应和规模效应。其中，每个维度又包含若干具体的评价指标。其次，按照相对偏差模糊矩阵法，构建西部地区创新人才聚集效应的相对偏差模糊矩阵评价模型，结合《中国统计年鉴》的相关数据，收集 2011 ~ 2015 年西部地区创新人才聚集效应各个评价指标体系原始数据，运用相对偏差模糊矩阵实现对西部地区历年创新人才聚集效应的评价研究。

5.1 创新人才聚集效应整体提升，各省份各具特色

经过系统的数理分析发现，2011 ~ 2015 年，西部地区整体的创新人才聚集效应水平不断提升，但是各省份之间的创新人才聚集效应水平存在一定的差异，表现出不同的特征。

5.1.1 整体创新人才聚集效应提升显著

从整体上看，随着时间的推进，2011～2015 年，西部地区 10 个省份（陕西、甘肃、宁夏、青海、新疆、西藏、云南、贵州、四川和重庆）的创新人才聚集效应都在不断好转。表 5 - 1 所示的就是 2011～2015 年西部地区 10 个省份创新人才聚集效应的变化趋势。

表 5 - 1　　　　2011～2015 年西部地区创新人才聚集效应的变化趋势

省份	2011 年	2012 年	2013 年	2014 年	2015 年
宁夏	0.0634	0.1318	0.1340	0.1697	0.2750
四川	0.9088	0.9636	0.9657	0.9661	0.9683
贵州	0.2629	0.2707	0.2713	0.2716	0.2756
重庆	0.4208	0.4245	0.4465	0.6008	0.6019
云南	0.3177	0.3217	0.3221	0.3262	0.3278
陕西	0.6338	0.6683	0.6706	0.6738	0.6745
甘肃	0.2712	0.2782	0.2862	0.2873	0.2923
青海	0.0695	0.0750	0.0780	0.0800	0.0814
西藏	0.0002	0.0009	0.0022	0.0068	0.0082
新疆	0.1729	0.2066	0.2381	0.2402	0.2478

注：在相对偏差模糊矩阵法中，得分越小说明效应越强，但是为了符合阅读习惯，本书进行逆向处理。

根据表 5 - 1 的相关内容，本书继续绘制 2011～2015 年西部地区创新人才聚集效应的变化趋势图（如图 5 - 1 所示）。

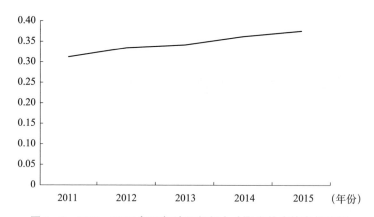

图 5 - 1　2011～2015 年西部地区创新人才聚集效应的变化趋势

从图 5 - 1 可知，整体上看，西部地区 10 个省份的创新人才聚集效应水平从 2011 年开始，其效应水平都得到了较好的提升。具体分析表 5 - 1 可知，四川的创新人才聚集效应水平一直表现较好，而重庆的上升趋势最为明显，其他地区则是缓慢上升。10 个省份创新人才聚集效应水平的变化趋势也向前发展。

5.1.2　各省份创新人才聚集效应各具特色

2011～2015 年，虽然西部地区 10 个省份整体的创新人才聚集效应水平在不断提升，但是分省份分析可知，10 个省份的创新人才聚集效应水平存在显著差异，明显出现了极好、较好、一般、较差、很差五个等级，而且这些省份的创新人才聚集效应各具特色。

第一，四川的创新人才聚集效应一直表现极好，遥遥领先。

第二，陕西、重庆的创新人才聚集效应较好，其中，重庆的创新人才聚集效应从 2014 年开始有了突飞猛进的提升。一方面，这两个地区本身的经济基础发展较好，地理位置较为优越；另一方面，政府在吸引创新人才、产业集聚等方面的做法较为先进、时间较早。诸多因素共同造就了陕西和重庆的创新人才聚集效应的极大提升。

第三，云南、甘肃、贵州、新疆、宁夏的创新人才聚集效应一般。这一问题出现的较为主要的原因是这些地区的人才发展规划推出较迟且区别度不大，没有体现出本地区的特色和优势，如甘肃出台了《甘肃省中长期人才发展规划（2010—2020 年）》、新疆实施《自治区中长期专业技术人才队伍建设规划（2011—2020 年）》、贵州出台《贵州省"百千万人才引进计划"实施办法》《贵州省高层次创新型人才遴选培养实施办法》等，由于人才政策的相似性和雷同性，加之政策效果的滞后性，使得这些地区的创新人才聚集效应出现一定程度的好转，但是尚有较大的提升空间。

第四，青海的创新人才聚集效应表现较差。导致青海创新人才聚集效应水平不高的原因多种多样，如其推出的创新人才聚集政策较晚，如青海的《关于深化人才发展体制机制改革的实施意见》于 2016 年才出台，造成这些地区在吸引创新人才方面的时间较晚、政策的优势不大。

第五，西藏的创新人才聚集效应表现最为不佳，这主要还是地理位置、经济基础等原因，创新人才对这些地区的青睐性不够。

为了更为清晰地显示出西部地区 10 个省份创新人才聚集效应的变化情况，本书将其不同维度的具体表现列表如下（见表 5 – 2）

表 5 – 2　　　　2011 ~ 2015 年西部各省份创新人才聚集效应分维度情况

创新人才聚集 效应五个维度	各省份具体表现
规模效应	①四川的规模效应表现最好，其具有的高技术企业个数、科技机构 R&D 人员数都最多，而且 R&D 人员全时当量也最高 ②陕西和重庆的规模效应表现次佳，其中，重庆的科技机构 R&D 人员数较少，而陕西在高技术企业个数、科技机构 R&D 人员数方面都落后于重庆，但是陕西的 R&D 人员全时当量比重庆表现更好 ③宁夏、贵州、甘肃三省份的规模效应表现处于第三层次，如宁夏的 R&D 人员全时当量较好，但是具有的高技术企业个数、科技机构 R&D 人员数不多；贵州和甘肃的科技机构 R&D 人员数表现不佳，是巨大的短板 ④云南、新疆、青海的规模效应较为落后，三省份在高技术企业个数、科技机构 R&D 人员数、R&D 人员全时当量方面的表现都较为不佳，没有突出的优势 ⑤西藏的规模效应表现垫底，在高技术企业个数、科技机构 R&D 人员数、R&D 人员全时当量方面都是最为落后的
知识共享效应	①四川在知识共享效应方面的表现最佳，而重庆紧随其后。其中，四川的公开讲座/展览活动数、规模以上工业企业 R&D 项目数最多，但是规模以上工业企业新产品开发项目数比不上重庆，重庆在公开讲座/展览活动数方面稍稍落后于四川，而在规模以上工业企业 R&D 项目数方面，与四川持平 ②陕西、宁夏、贵州、甘肃、新疆、云南在知识共享效应方面的表现较好。其中，陕西的公开讲座/展览活动数远远落后于四川和重庆，但是规模以上工业企业 R&D 项目数和规模以上工业企业新产品开发项目数表现并不差。宁夏的公开讲座/展览活动数表现不佳，贵州、甘肃在知识共享效应具体指标方面的表现平平。新疆和云南的公开讲座/展览活动数表现较好，但是其他两个方面的表现均不佳 ③青海的知识共享效应不好，其中，规模以上工业企业 R&D 项目数、规模以上工业企业新产品开发项目数的得分处于下游 ④西藏的知识共享效应垫底，其在公开讲座/展览活动数、规模以上工业企业 R&D 项目数、规模以上工业企业新产品开发项目数方面的得分最低
集体学习效应	①四川的集体学习效应表现最好，陕西紧随其后。其中，四川的高校研究与试验发展机构数、国内外发表科技论文数表现最好，但是国外主要检索工具收录科技论文数并不如陕西。陕西除了国内外发表科技论文数比不上四川之外，高校研究与试验发展机构数与四川相近 ②重庆、宁夏、甘肃的集体学习效应表现次佳。其中，重庆在高校研究与试验发展机构数方面表现良好，而在国内外发表科技论文数、国外主要检索工具收录科技论文数方面与四川和陕西有一定的差距。宁夏在高校研究与试验发展机构数方面表现良好，而甘肃在国内外发表科技论文数方面表现良好

续表

创新人才聚集 效应五个维度	各省份具体表现
集体学习效应	③贵州、新疆的集体学习效应表现平平。其中，贵州的高校研究与试验发展机构数方面表现良好，其他两个方面表现不佳；而新疆在高校研究与试验发展机构数、国内外发表科技论文数方面表现平平，在国外主要检索工具收录科技论文数方面较为落后 ④云南、青海的集体学习效应表现较差。这两省份在三个具体指标的得分都较为落后 ⑤西藏的集体学习效应表现最差，其在三个具体指标的得分都是最低的
创新网络效应	①四川的创新网络效应表现最好，陕西紧随其后。其中，有效发明专利数、高技术产业当年价总产值的得分最高，而国家产业化计划项目数方面比不上陕西。陕西的国家产业化计划项目数、高技术产业当年价总产值表现较好，但是在有效发明专利数方面表现一般 ②重庆、新疆的创新网络效应表现良好。其中，新疆的国家产业化计划项目数表现较好，但是其在有效发明专利数方面得分并不高。重庆在三个具体指标方面表现较为平均，没有特别突出的优势，但也不存在较为明显的弱势 ③宁夏、贵州、甘肃的创新网络效应表现一般。其中，宁夏、贵州、甘肃的国家产业化计划项目数得分良好，但是它们在有效发明专利数、高技术产业当年价总产值方面的得分并不高，是一个较为明显的弱势 ④云南、青海的创新网络效应较为落后。其中，云南的有效发明专利数得分极低，而青海的高技术产业当年价总产值得分也极低，是明显的"短板"，加上在其他两方面的得分平平，这两个省的总体表现是落后的 ⑤西藏的创新网络效应最低，其在有效发明专利数、国家产业化计划项目数、高技术产业当年价总产值方面的得分最低
地区品牌效应	①重庆的地区品牌效应表现最好，云南紧随其后。其中，重庆的人均最终消费支出水平得分最高，而云南的人均最终消费支出水平、创新人才引进数量增长率表现方面都较好 ②甘肃、四川、新疆、宁夏、贵州在地区品牌效应方面的表现也较好。这 5 个地区在人均最终消费支出水平、创新人才引进数量增长率方面得分较为平均，没有明显的"短板"出现 ③陕西、青海的地区品牌效应表现一般。这两省在创新人才引进数量增长率方面表现较差，是明显的劣势 ④西藏的地区品牌效应得分最低，其在人均最终消费支出水平、创新人才引进数量增长率方面表现最差

通过表 5 - 2 可知，西部地区 10 个省份整体的创新人才聚集效应水平在规模效应、知识共享效应、集体学习效应、创新网络效应、地区品牌效应方面的表现都是有明显区别的，但是从整体上来说，四川的表现还是最佳的，而且，各个地区都越来越注重对地区品牌效应的打造。

5.2 环境因素对创新人才聚集效应的影响水平不一

第4章进行了西部地区创新人才聚集效应的影响因素研究,结合内容分析法和灰色关联分析法,本书识别出西部地区创新人才聚集效应的主要影响因素,可聚合到社会生活、教育科技、经济发展、人才服务和人文文化五个维度,涉及的21个测度指标对西部地区创新人才聚集效应的影响程度较大,灰色关联度都高于0.9。这就表明,在西部地区,其创新人才聚集效应水平受社会生活、教育科技、经济发展、人才服务、人文文化等环境因素的影响较大。

5.2.1 环境因素对各地区创新人才聚集效应的影响出现阶梯化现象

为了了解西部地区在创新人才聚集效应影响因素方面的具体区别,本书以2015年为例,采用灰色关联分析法,对比分析各影响因素对陕西、甘肃、宁夏、青海、新疆、西藏、云南、贵州、四川和重庆等10个省份创新人才聚集效应的影响程度及大小。通过绘制10个省份创新人才聚集效应与影响因素的总体关联度图和10个省份创新人才聚集效应与各维度影响因素的关联度图,分析可知,五个维度的环境因素对创新人才聚集效应的影响水平不一。

从社会生活维度、教育科技维度、经济发展维度、人才服务维度、人文文化维度来看,陕西、甘肃、宁夏、青海、新疆、西藏、云南、贵州、四川和重庆等10个省份创新人才聚集效应受各维度影响因素的影响程度存在一定差异。

第一,在社会生活方面,西藏的创新人才聚集效应受此维度影响较大,而四川受此影响较小。

第二,在教育科技方面,宁夏、贵州、甘肃、青海、西藏、新疆的创新人才聚集效应受此维度影响都较大。

第三,在经济发展方面,除了重庆的创新人才聚集效应受此维度影响较小之外，其他省份的关联度都高于 0.9。

第四，在人才服务方面，宁夏、贵州、甘肃、新疆的创新人才聚集效应受此维度影响较大。

第五，在人文文化方面，宁夏、贵州、重庆、青海、新疆的创新人才聚集效应受此维度影响较大。

综上所述，陕西、甘肃、宁夏、青海、新疆、西藏、云南、贵州、四川和重庆等 10 个省份的创新人才聚集效应与各影响因素的关联程度都存在差异，这样就会导致不同省份创新人才聚集效应呈现出不同的发展模式和发展轨迹。因此，10 个省份的创新人才聚集效应受影响因素程度亦存在一定的差异，出现了阶梯化的现象。

（1）五个维度影响因素对贵州的创新人才聚集效应影响程度最大，都超过了 0.9。本书具体列出了五维度因素对贵州创新人才聚集效应的影响程度（见表 5-3）。

表 5-3　　　　　　五维度因素对贵州创新人才聚集效应的影响程度

省份	社会生活	教育科技	经济发展	人才服务	人文文化	总体关联度
贵州	0.9160	0.9460	0.9683	0.9493	0.9785	0.9576

分析表 5-3 可知，社会生活、教育科技、经济发展、人才服务和人文文化这五个维度的环境因素对贵州创新人才聚集效应的影响程度均超过了 0.9，其中，人文文化与其的关联度最高，高达 0.9785，而这些因素对贵州创新人才聚集效应总体的影响程度超过了 0.95。

（2）宁夏、云南、甘肃、青海、西藏、新疆的创新人才聚集效应受各影响因素的影响程度处于 [0.90, 0.95]。本书具体列出了五维度因素对宁夏、云南、甘肃、青海、西藏、新疆的创新人才聚集效应的影响程度（见表 5-4）。

表 5-4　　　　　　五维度因素对西部六省份创新人才聚集效应的影响

省份	社会生活	教育科技	经济发展	人才服务	人文文化	总体关联度
宁夏	0.8867	0.9548	0.9552	0.9397	0.9764	0.9426
云南	0.8924	0.8942	0.9546	0.8991	0.9045	0.9090
甘肃	0.9046	0.9402	0.9108	0.9368	0.9729	0.9331

省份	社会生活	教育科技	经济发展	人才服务	人文文化	总体关联度
青海	0.9321	0.9251	0.9536	0.8494	0.9367	0.9194
西藏	0.9229	0.9270	0.9418	0.8735	0.8720	0.9074
新疆	0.8944	0.9092	0.9634	0.9261	0.9435	0.9273

分析表 5－4 可知，社会生活、教育科技、经济发展、人才服务和人文文化这五个维度的环境因素对宁夏、云南、甘肃、青海、西藏、新疆这 6 个地区的创新人才聚集效应的影响程度也较大。其中，五维度因素与宁夏创新人才聚集效应的总体关联度为 0.9426、五维度因素与云南创新人才聚集效应的总体关联度为 0.9090、五维度因素与甘肃创新人才聚集效应的总体关联度为 0.9331、五维度因素与青海创新人才聚集效应的总体关联度为 0.9194、五维度因素与西藏创新人才聚集效应的总体关联度为 0.9074、五维度因素与新疆创新人才聚集效应的总体关联度为 0.9273。

（3）四川、重庆、陕西的创新人才聚集效应受各影响因素的影响程度相对较低，处于 [0.8，0.9]。本书具体列出了五维度因素对四川、重庆、陕西的创新人才聚集效应的影响程度（见表 5－5）。

表 5－5   五维度因素对四川、重庆、陕西的创新人才聚集效应的影响程度

省份	社会生活	教育科技	经济发展	人才服务	人文文化	总体关联度
四川	0.8196	0.7672	0.9466	0.7666	0.7730	0.8146
重庆	0.8704	0.8342	0.8220	0.8989	0.9543	0.8760
陕西	0.8840	0.8091	0.9575	0.8194	0.8751	0.8690

分析表 5－5 可知，社会生活、教育科技、经济发展、人才服务和人文文化这五个维度的环境因素对四川、重庆、陕西这 3 个地区的创新人才聚集效应总体的影响程度均超过了 0.8，但是，特别是对四川而言，教育科技、人才服务、人文文化这三个维度的因素对该地区创新人才聚集效应的影响程度约为 0.76。其中，五维度因素与四川创新人才聚集效应的总体关联度为 0.8146、五维度因素与重庆创新人才聚集效应的总体关联度为 0.8760、五维度因素与陕西创新人才聚集效应的总体关联度为 0.8690。这也从另一个侧面反映出，越是创新人才聚集效应水平高的地区，越能获得较好的规模效益，越能在一定程度上克服各类环境因素的不良影响。

5.2.2　各省份创新人才聚集效应的影响因素表现不均衡

在对比分析各影响因素对陕西、甘肃、宁夏、青海、新疆、西藏、云南、贵州、四川和重庆等 10 个省份创新人才聚集效应的影响程度及大小之后，结合第 4 章对西部地区创新人才聚集效应的评价研究，本章通过聚类分析方法研究西部地区 10 个省份各影响因素的发展情况。

（1）贵州、云南、西藏、甘肃、青海、宁夏和新疆这 7 个省份在社会生活、教育科技、经济发展、人才服务、人文文化的某一个或某几个方面的影响因素中存在"短板"。其中，西藏的创新人才各主要影响因素的得分最低，这是由于特殊的地理位置等原因造成的，而其他地区，如青海和宁夏，这 2 个省份的教育科技环境得分较低；新疆在社会生活环境方面得分不高；云南和甘肃虽然没有明显的"短板"，但是在社会生活、教育科技、经济发展、人才服务、人文文化五个方面的具体得分平平，与其他发展较好的地域相比没有任何优势；贵州的经济发展水平较为滞后，特别是全员劳动生产率，排在倒数第 3 位。

（2）重庆、四川和陕西这 3 个省份在社会生活、教育科技、经济发展、人才服务和人文文化五个影响因素方面的得分都较好，发展都较为均衡。如四川在经济发展和人才服务方面远远领先于其他省份，而陕西在人文文化建设方面的得分最高，重庆的社会生活环境打造较好。由此可知，优势型的省份，它们不仅在社会生活、教育科技、经济发展、人才服务和人文文化五个维度方面做到均衡发展，更为重要的是，能在某一维度上做得更好、更为突出，这样就能吸引大量的创新人才。

西部地区创新人才聚集效应主要影响因素的相互关系如图 5-2 所示。

从图 5-2 可知，西部地区创新人才聚集效应主要影响因素之间是相互影响的，而且各主要影响因素 $t+1$ 时刻的状态也会受 t 时刻的影响。

根据图 5-2 的相互关系，数学描述上述状态变量之间的作用关系，由此可得各状态变量在时间序列的逻辑函数表达式，即建立西部地区创新人才聚集主要影响因素的离散动态演化模型，具体为：

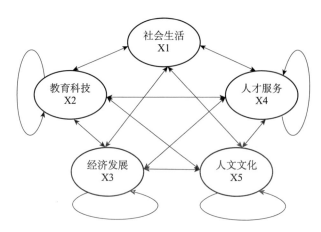

图 5 – 2　西部地区创新人才聚集效应主要影响因素的相互关系

$$
\begin{cases}
x_{1(t+1)} = f(x_{1t}, x_{2t}, x_{3t}, x_{4t}, x_{5t}) \\
x_{2(t+1)} = f(x_{1t}, x_{2t}, x_{3t}, x_{4t}, x_{5t}) \\
x_{3(t+1)} = f(x_{1t}, x_{2t}, x_{3t}, x_{4t}, x_{5t}) \\
x_{4(t+1)} = f(x_{1t}, x_{2t}, x_{3t}, x_{4t}, x_{5t}) \\
x_{5(t+1)} = f(x_{1t}, x_{2t}, x_{3t}, x_{4t}, x_{5t})
\end{cases}
\tag{5-1}
$$

其中，x_{it} 表示社会生活、教育科技、经济发展、人才服务和人文文化五个维度中任意一个维度在第 t 时段（主要指年份）的状态，且 $t \geqslant 0$。

为此，可得：

$$
\delta_{it} = \frac{x_{i(t+1)} - x_{it}}{x_{it}} \times 100\%
\tag{5-2}
$$

式（5-2）表示社会生活、教育科技、经济发展、人才服务、人文文化五个维度中任意一个维度在第 $t+1$ 时段比前一个时段增长的百分比。

令

$$
U_t = \sum_{i=1}^{5} x_{it} \times w_{it}
\tag{5-3}
$$

其中，U_t 表示在第 t 时段，社会生活、教育科技、经济发展、人才服务和人文文化五个维度的综合状态；w_{it} 是各维度在 t 时刻的权重。

令

$$\Delta U_t = U_{t+1} - U_t \qquad (5-4)$$

式（5-4）表示第 $t+1$ 时段社会生活、教育科技、经济发展、人才服务和人文文化五个维度的综合状态与第 t 时段相比较的变化量，且本书假设 $\Delta U_t \geqslant 0$。

根据上述公式可知以下结论。

（1）如果 $x_{i0}(i=1,2,3,4,5)$ 已知，根据式（5-1）和式（5-3），可以获得 $U_t(t=1,2,3,4,5)$ 的值。

（2）社会生活、教育科技、经济发展、人才服务和人文文化五个维度综合状态的演化过程是一个离散的动态系统，在 $x_{i0}(i=1,2,3,4,5)$ 已知的情况下，综合状态是由 δ_i 确定的，也就是说，$U_t = g(\delta_1,\delta_2,\delta_3,\delta_4,\delta_5)$。所谓优化弱势型影响模式，将其转化为优势型影响模式，就是要将 δ_i 保持在一定的可控范围内，使得优化的目标函数 $\max \sum\limits_{t=1}^{n} \Delta U_t$ 中的 ΔU_t 达到最优，这样才能使社会生活、教育科技、经济发展、人才服务和人文文化五个维度综合状态不断得到提升，从而不断推进西部地区创新人才聚集效应。

5.3　各省份创新人才聚集效应主体的协同作用不佳

根据前面分析，本书认为，当前西部地区创新人才聚集效应出现了较为突出的问题，包括各省份创新人才聚集效应的差距较大、影响因素对各省份创新人才聚集效应的影响程度存在显著差异、各省份创新人才聚集效应及其影响因素发展不良等。而上述问题出现的根源就是西部地区创新人才聚集效应主体的协同度较低，造成各主体的作用发挥不充分，而这些主体包括了政府、高校及科研机构、企业、其他组织或机构四个方面。

5.3.1　各主体作用方式没有充分发挥

西部地区创新人才聚集效应的主要影响因素是社会生活因素、教育科技因素、经济发展因素、人才服务因素和人文文化因素五个方面，而对这些因素起决定作用的主体包括了政府、高校及科研机构、企业、其他组织或机构四个方面。由于西部地区创新人才聚集效应影响因素的表现不佳，导致不同省份之间创新人才聚集效应的差距较大，而造成影响因素的协同度较低的根源就是各主体的作用发挥不充分。

本书构建了西部地区创新人才聚集效应各主体的作用方式（如图 5 - 3 所示）。

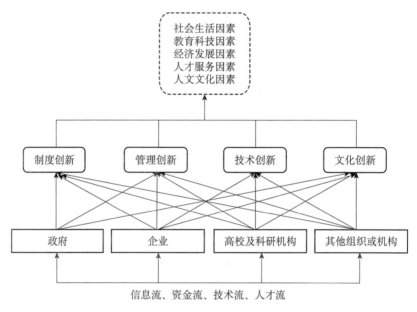

图 5 - 3　各主体的作用方式

由图 5 - 3 可知，西部地区各政府、企业、高校及科研机构、其他组织等主体通过信息流、资金流、技术流、人才流等资源的协同和共享，依托不同的功能，最终建立起持续的动力机制，实现要素的整合，并不断提升西部地区创新人才聚集效应主要影响因素的水平。而从现实来看，各主体出现了以下问题。

第一，政府的主导作用发挥不足。对于西部地区而言，政府发挥的应该是主导性的作用，其担负的主导作用包括制度创新、管理创新和文化创新。政府作为区域宏观政策的制定者，出台的人才制度、资本制度、技术发展制度等是一个区域发展的最为重要的决定力量。其中，创新人才资源是否丰富能决定西部地区发展的持续性，为此，政府需要制定并完善各项人才制度，吸引人才向该区域汇聚。此外，西部地区各个体系运行流畅性的决定性因素是资本，政府主要扮演的是资金投入者、资本运作制度制定者，其必须对资本运作的风险性、资本运行的效率性负责。对于西部地区而言，不断发展的关键和原动力就是技术创新，虽然政府并不进行技术开发，但是其需要宏观调控技术发展的制度。一方面，为了鼓励具有竞争力的创新企业，政府需要制定并推动技术扶持制度；另一方面，对于落后、淘汰技术，政府需要出台技术法规进行限制或禁止。政府发挥管理创新功能的首要体现就是组织创新，为了推进区域发展，政府组织必须精简而有效。为了充分发挥政府区域管理的功能，其还应从管理方式上去创新，这样才能提高政府行政管理能力和效率，以推进区域各项事务的运行。区域发展的灵魂是社会文化，其渗透社会发展的方方面面。为此，政府需要培育文化创新能力，不断提升人们的文化自觉意识。

第二，企业的主力作用缺乏持续性。在西部地区，创新人才聚集效应发挥的主力作用应该由企业承担，也就是制度创新、管理创新、技术创新和文化创新是企业必须承担的职责。与政府的制度创新相比，企业的制度创新立足于区域创新体系中的微观方向，其核心功能突出表现为三个方面：与现代企业制度和企业发展相适应的企业产权制度、创新激励与约束机制的建立、经营与管理制度等的建立和完善。根据市场和竞争的变化，企业改进、革新传统经营管理模式及方法就是企业管理创新，企业发展、产业壮大的实现都离不开资源的有效整合。在企业技术创新中，发明型、实用型、外观型产品的技术研发是重要内容，因此，企业需要将技术成果进行商品化和扩散化。在长期经营过程中，逐步生成和发育起来的日趋稳定的独特的价值观、精神等就是企业文化。通过文化的创新，企业可以有效解决经济增长过程中出现的相关问题。

第三，高校及科研机构的推动作用乏力。在西部地区，高校及科研机构在创新人才聚集效应的发挥中起的是推动作用，主要体现为制度创新、管理创新、技术创新和文化创新。与政府制度创新相比，高校及科研机构的制度创新专注于微观方面，主要就是需要建立完善的高校及科研院所制度体系。为了合理分配和高效利用高校及科研机构的科技资源，其需要开展管理创新，这样才能更好地履行职责、发挥技术创新的核心功能，包括科研人才绩效管理、科研项目申报与验收管理、技术成果商业化管理、项目决策管理等。与企业技术创新相比，基础研究、实验开发、设计测试等原始性技术创新是高校和科研院所技术创新的重中之重。一般来说，依靠自身技术资源自主创新、在技术引进基础上模仿创新、多方共同参与的合作创新是高校和科研院所技术创新的主要模式。物质文化、精神文化、制度文化存在于高校及科研机构文化中，对于积淀、发展和传承先进文化作用极为重要。

第四，其他组织或机构的辅助作用缺失。行业协会、非营利性组织等是其他组织或机构，在西部地区创新人才聚集效应发挥中，制度创新、管理创新、技术创新及文化创新是这类主体需要承担的主要职责，其主要发挥辅助作用。

5.3.2 各主体的协同平台尚未完善

5.3.2.1 协同平台的构建

西部地区创新人才聚集效应的主要影响因素是社会生活因素、教育科技因素、经济发展因素、人才服务因素和人文文化因素五个方面，而对这些因素起决定作用的主体包括了政府、高校及科研机构、企业、其他组织或机构四个方面。为了将某些地区的创新人才聚集效应更好地发挥，需要持有协同的观点，将提升西部地区创新人才聚集效应的主体进行有效协同，从而才能构建西部地区创新人才聚集效应的协同作用平台（如图 5-4 所示）。

由图 5-4 可知，在协同作用模式下，西部地区的政府、企业、高校及科研机构、其他组织等主体需要根据西部地区的人才供需关系进行协同驱动，这样才能将创新人才的聚集效应进行提升。在此过程中，政府、企业、高校及科研机构、其他组织等主体的功能是存在差异的，为了加强资源依赖、提

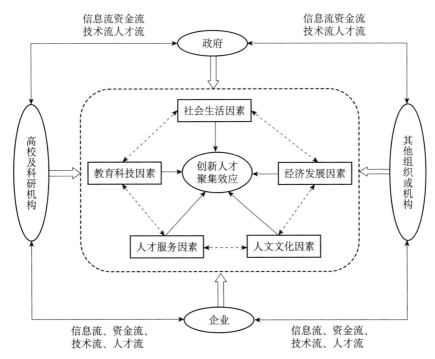

图 5 - 4 协同作用平台的构建

升规模效益，需要从信息流、资金流、技术流、人才流等多方面进行。

第一，当各主体自身缺乏某种资源且市场中又难以获得时，其一般会寻求其他主体的合作，所需资源需要通过交换获得，由此形成的综合体由多个组织共同构成，这体现为资源依赖。政府、企业、高校及科研机构、其他组织等主体拥有的优势资源各不相同，主体间为了规避各自资源缺乏的限制，必须要形成资源相互协同的联盟体。

第二，在条块分割的状态下，为了在各自领域内具有优势，政府、企业、高校及科研机构、其他组织等主体积累的是专有资源，一旦进入另一领域，不同主体都会体现出一定的劣势。为此，为了扩大原有资源的规模、实现资源的优化配置，主体必须相互协同，这样才能将边际收益进行提升从而扩大规模效益。

在西部地区创新人才聚集效应的协同影响模式中，通过协同与交流，进行资源互补、知识共享、技术转移、共担风险、同享收益，政府、企业、高校及科研机构、其他组织等主体能促进社会生活因素、教育科技因素、经济发展因素、人才服务因素、人文文化因素的改善，并最终实现西部地区创新人才聚集效应的提升。

5.3.2.2 协同平台的特征

（1）高效性。以资源互补关系为基础建立起的西部地区创新人才聚集效应的协同影响模式实现了西部地区政府、企业、高校及科研机构、其他组织等主体之间的互动关系，提高了资源优化配置的有效性，激励了主体的协同互动效率。

（2）互补性。在西部地区创新人才聚集效应的协同影响模式中，各个主体的优势资源都是极为独特的，资源优势互补效应可以通过相互协作而产生。在人才流方面，政府、企业、高校及科研机构、其他组织都有其自身领域的人才，但是为了协同发展，不同主体也需要其他领域的人才。如果人才协同体系形成不了，则各自所需的人才资源不能相互输送。在技术流方面，对于高校及科研院所而言，其为了提升对企业技术创新需求相关领域的研究力度，必须依靠政府、企业、其他组织的协同强化。更为重要的是，企业会由于知识的溢出效应而更容易获得高校及科研院所相关的技术支持。而且，高校及科研院所、企业的技术方向判断失误风险将会因为政府对技术宏观方向的把控而大大降低。

（3）共享性。西部地区创新人才聚集效应的协同影响模式中，各主体间会形成信息流、资金流、技术流、人才流的流动，由于互补关系的存在催生了协同分工模式，从而成为共享的资源。各主体在协同影响过程中，都需要人才、资金、技术、信息共享这一平台，依托此平台，它们的联系才能更为紧密、共享程度和效率才能更高。

（4）持续性。在西部地区创新人才聚集效应的协同影响过程中，各种正式和非正式关系并存，由此便于信息传递与扩散、技术和知识的流动，促进政府、企业、高校及科研机构、其他组织持续合作关系的保持。更为重要的是，此协同影响模式可以在实体上和虚拟上构建联盟组织，依托技术、资金、人才、信息等资源的频繁流动而提高各主体的协同效率，从而保证了协同影响的持续性。

5.4　本章小结

　　本章主要进行西部地区创新人才聚集效应问题的综合分析，依托第 3 章和第 4 章的内容，提出西部地区创新人才聚集效应的三大问题分别为：创新人才聚集效应整体不断提升，但各省份之间差距较大；环境因素对创新人才聚集效应的影响水平不一；各省份创新人才聚集效应主体的协同作用不佳。分析第一个问题可知，从整体上看，随着时间的推进，2011～2015 年，西部地区 10 个省份（陕西、甘肃、宁夏、青海、新疆、西藏、云南、贵州、四川和重庆）的创新人才聚集效应都在不断好转，但是 10 个省份的创新人才聚集效应水平存在显著差异，明显出现了好、中、差三个等级。分析第二个问题可知，环境因素对各省份创新人才聚集效应的影响出现阶梯化现象，而且各省份创新人才聚集效应的影响因素表现不均衡。分析第三个问题可知，各省份创新人才聚集效应主体的作用方式没有充分发挥，而且各主体的协同平台尚未完善。

第 6 章

西部地区创新人才聚集效应的提升路径

6.1 西部地区提升创新人才聚集效应的现行做法

6.1.1 各省份的现行做法

我国现代化建设重点西移的重要标志就是西部大开发战略的实施。该战略实施以来，国家在财政投入、资源环境、区域合作、金融税收、人才开发、公共服务等多方面出台了优惠政策，成为西部地区迅速崛起的内在引擎，西部地区的面貌发生了翻天覆地的变化。东西部经济发展差距的缩小、全国各种优势资源的调动和整合、全国经济发展空间的拓展，都可以通过西部大开发实现。党的十九大报告指出，为了建立更加有效的区域协调发展新机制，需要实施区域协调发展战略，以不断强化举措推进西部大开发形成新格局。

对于西部大开发和区域协调发展战略来说，这两大战略实施的原动力就是掌握现代科学技术的创新人才。为此，在吸引创新人才、开发创新人才、利用创新人才、提升创新人才聚集效应方面，陕西、甘肃、宁夏、青海、新疆、西藏、云南、贵州、四川和重庆等10个省份都做出了诸多举措。

　　各省份在提升创新人才聚集效应过程中，都推出了相应的人才服务政策、人才发展政策、人才规划等，政策能在一定程度上决定人力资本的聚散，而且也能决定其他各种机制作用的发挥。为了发挥其对人才流动的积极疏导作用，政策需要制定得正确、贯彻得彻底、执行得严格。在人才的激励与保障方面，政策要发挥导向作用，为此，西部地区各省份政府提出了创新人才聚集制度系统，这一系统应该包括全面的人才制度，如人才引进、人才评价、人才培训、人才竞争、人力流动等，这样才能从根本上形成创新人才的聚集动力。为了推动一系列人才政策的实施，西部地区各省份政府需要成立专门的人才管理机构，对人才的规划、人才的发展、人才的评价、人才的服务等方面进行总体安排和实施，并且协助做好创新人才的安居手续等。当前，分析国家层面可知，为了吸引好、发展好各类高端型创新人才，我国相继推出了"千人计划""长江学者"等专项人才聚集制度。2004年，山东省为了促进"科教兴鲁"战略的实施，推出了"泰山学者"建设工程，产生了显著的成效；2010年，我国的博士后管委会与香港学者协会共同推出了"香江学者"计划；湖北省提出了"楚天学者计划"；湖南省实施的是"芙蓉学者计划"，建立特聘教授岗位制度。对于西部地区而言，应该结合各省份的实际情况，借鉴成功的人才制度，推出独具特色的人才计划，以充分发挥政府在人才制度创新上所表现出的主体功能。各省份最新推出的人才政策见表6-1。

表6-1　　　　　　　　西部地区各省份最新推出的人才政策

省份	人才政策名称	实施目的	主要内容
青海	《关于深化人才发展体制机制改革的实施意见》	最大限度激发人才创新创造活力，形成适应青海省省情、具有区域竞争力的人才制度特色	人才评价和职称管理； 人才引进； 编制管理； 创新创业激励机制； 鼓励探索创新
新疆	《自治区中长期专业技术人才队伍建设规划（2011—2020年）》	全面提升专业技术人才队伍的整体素质	健全发展人力资源市场体系，发挥市场配置专业技术人才的基础作用； 健全完善现代企业人事制度和事业单位人事制度，落实单位用人自主权； 创新专业技术人才以用为主的机制； 改革和创新专业技术人才社会化、市场化的流动机制； 创新专业技术人才激励机制，探索知识、管理、技术、资本、技能等要素参与分配的多种方式

省份	人才政策名称	实施目的	主要内容
陕西	《陕西省中长期宣传思想文化人才发展规划（2010—2020年)》	把陕西打造成为富有吸引力、竞争力、创造力的文化人才高地，变文化的软实力为人才硬实力	抓好人才示范工程，创新人才培养机制；健全人才评价机制，实施高端文化人才引进和培养计划；优化人才成长环境，强化人才软环境、硬环境建设；健全人才联系制度
甘肃	中长期人才发展规划	推进人才强省战略实施	开展人才管理改革试验区试点、开辟人才工作"试验田"；开展"三库一网"建设，充分发挥各地各部门的职责职能作用；编制建立省、市、县上下衔接，行业、企业、高校、科研院所横向互补的人才发展规划体系
云南	云南国际人才交流会	以人才促创新、以创新推进新一轮发展战略转型	加快推进人才特区建设和创新创业示范基地建设；实行人才"绿卡"制度，开辟人才服务"绿色通道"；深入实施"全民创业计划"，鼓励全民创新创业；在全社会培育形成识才、爱才、敬才、用才的良好社会氛围和开放包容、敢为人先、宽容失败的创新文化
宁夏	"塞上英才""国内引才312计划""海外引才百人计划"等	深入推进人才强区战略	完善政策措施，推动人才工作的规范化、制度化；柔性引进高层次创新人才；加强同国内著名高校人才交流合作，开辟引才新路子；搭建校企合作平台；政府围绕优势特色产业发展，启动建设了各类"人才高地"；加大育才力度，提升各类人才素质
贵州	《贵州省"百千万人才引进计划"实施办法》《贵州省高层次创新型人才遴选培养实施办法》等	推进人才开发政策体系建设，加大人才智力引进力度	建立引才"绿色通道"
四川	《四川省激励科技人员创新创业十六条政策》	集聚高层次创新创业人才，力求引得进、留得住、服好务	从安家补助、项目资助、职称评聘和表彰奖励等提出支持政策；完善引进创新创业人才配套服务方面

续表

省份	人才政策名称	实施目的	主要内容
西藏	西藏自治区 2017 年高层次人才引进公告	进一步加快人才队伍建设，吸引更多高层次人才投身西藏改革发展稳定事业	引进方式：调入或柔性等灵活多样的方式 引进程序：高层次人才与用人单位联系接洽——报自治区人才工作协调小组办公室审核——资格审查、公示、批复——办理引进手续
重庆	《重庆市引进海内外英才"鸿雁计划"实施办法》	大力引进海内外紧缺高端人才，为全市重点产业发展提供人才智力支撑	引进范围：现有企业引进或者来渝创办科技型企业（包括法人化研发机构）的直接从事基础研究、应用研究和试验发展的研发类科技人才 引进条件：原则上应有海内外知名高校、科研院所、科研机构、世界 500 强企业学习或工作经历；原则上应与引进企业签订 3 年及以上劳动合同或者与引进区县签订 3 年及以上落户协议

6.1.2　对现行做法的分析

分析西部地区各省份最新推出的人才政策可知，各省份都根据自身实际情况、发展战略要求等出台了相适应的人才政策，这些人才政策的提出在吸引、开发和利用人才方面的意义重大，而且也能提升创新人才聚集效应。

与此同时，研究这些人才政策可知：第一，人才政策实施的主体主要是政府，企业、科研机构及高校、其他组织参与度并不高；第二，人才政策实施的配套措施、实施平台等具体内容的设置较为模糊，如针对人才软环境和硬环境的建设就没有较为清晰和明确的规定；第三，各省份的人才政策大同小异，这样对于创新人才而言，在人才政策较为相似的情况下，在选择哪个地域的过程中，其他方面影响因素（如经济发展、社会文化、教育科技）的重要性将会上升。

6.2　西部地区创新人才聚集效应提升的协同路径

经过西部地区创新人才聚集效应的评价研究、西部地区创新人才聚集效应的影响因素研究、西部地区创新人才聚集效应问题的综合分析之后，本书认为，要提升西部地区创新人才聚集效应，必须遵循协同学的相关研究，在明确西部地区创新人才聚集效应的提升主体、主要提升因素等基础上，探索相应的提升对策。本书构建的西部地区创新人才聚集效应提升路径如图6-1所示。

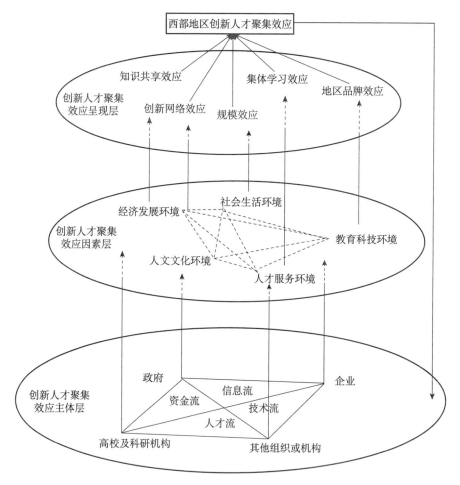

图6-1　西部地区创新人才聚集效应提升路径

从图6-1可知，西部地区创新人才聚集效应提升的路径有三个层次，分别是主体层、因素层、显现层。

（1）政府、企业、高校及科研机构、其他组织等主体是西部地区创新人才聚集效应的主体层。借助信息流、资金流、技术流、人才流的协同与交流，不同主体能实现制度创新、管理创新、技术创新及文化创新功能，从而促进不同主体间的资源互补、知识共享、技术转移、共担风险等，推动社会生活因素、教育科技因素、经济发展因素、人才服务因素、人文文化因素的改善。

（2）西部地区创新人才聚集效应的因素层包括了五个方面，分别是社会生活因素、教育科技因素、经济发展因素、人才服务因素、人文文化因素，而且这些影响因素之间存在耦合作用。

（3）创新人才聚集效应的主要内容就是西部地区创新人才聚集效应的显现层，分别是创新网络效应、集体学习效应、知识共享效应、规模效应、地区品牌效应五个部分，只有这五个部分相互作用，西部地区创新人才聚集效应才能得到提升。

在区域协同发展战略的实施过程中，在西部大开发战略的推进过程中，对于区域人才、经济、技术、社会环境等的发展而言，作为区域宏观政策的制定者的政府，起着至关重要的作用。对于西部地区来说，提升创新人才聚集效应不仅仅需要人才政策、制度的出台和完善，同时需要良好的经济发展水平、适宜的生活环境、先进的教育科技水平的支持。为此，政府在社会生活、教育科技、经济发展、人才服务等方面都需要进行宏观调控。

6.2.1　整体协同路径的分析

6.2.1.1　人才服务环境的完善

通过西部地区创新人才聚集效应影响因素研究发现，创新人才聚集效应与社会生活环境、教育科技环境、经济发展环境、人才服务环境、人文文化环境的关联度都极高，分别为 0.8863、0.8267、0.8656、0.9109、0.8776。其中，人才服务环境因素对创新人才聚集效应起的作用最为重要。

政策能在一定程度上决定人力资本的聚散，也能决定其他各种机制作用的发挥，为了发挥其对人才流动的积极疏导作用，政策需要制定得正确、贯彻得彻底、执行得严格。在人才的激励与保障方面，政策要发挥导向作用。

为此，西部地区各省份政府提出了创新人才聚集制度系统，这一系统应该包括全面的人才制度，如人才引进、人才评价、人才培训、人才竞争、人力流动等，这样才能从根本上形成创新人才的聚集动力。为了推动一系列人才政策的实施，西部地区各省份政府需要成立专门的人才管理机构，对人才的规划、人才的发展、人才的评价、人才的服务等方面进行总体安排和实施，并且协作做好创新人才的安居手续等。对于西部地区而言，应该结合各省份的实际情况，借鉴成功的人才制度，推出独具特色的人才计划，以充分发挥政府在人才制度创新上所表现出的主体功能。

（1）树立正确的创新人才理念。树立正确的创新人才理念是西部地区各省份政府、企业、高校等主体开展创新人才工作的指导思想，只有拥有了正确的创新人才理念，才能真正认识创新人才、用好创新人才、服务创新人才。为此。西部地区需要持有开放、长远的视野，立足本地区的经济发展和产业转型的需求，有目的、有计划地吸引并开发行业关联的创新人才，出台有特色、有深度、可行的人才政策。

（2）加大创新人才政策的宣传。在规划了一系列创新人才政策之后，西部地区还要做好政策的宣传、推广工作，这样才能扩大政策的知晓层次，让不同类别的创新人才准确了解人才政策的同时，不断提升政策的激励效应。而且，通过创新人才政策的广泛宣传，还能让本地区的人民群众积极引才荐才，感受到政府聚集创新人才的决心，强化整个社会对创新人才的友好氛围。在具体宣传创新人才政策的过程中，政府可以同时采用传统媒体和新兴媒体，传统媒体就是政府网站、电视、报纸、宣传栏等，而新兴媒体的形式多样，微博、微信、微视频等形式都可以使用，这样才能尽最大可能宣传好人才政策，让各类创新人才真正了解人才政策，奠定人才政策的落实基础。

（3）平衡创新人才政策体系。制定适宜西部地区发展的创新人才政策是一个系统工程，需要各部门的相互配合和协作。一般而言，人才政策体系具有综合性，各省份组织部人才办、人社局、科技局、发改委、财政局等部门都是人才政策的制定主体，只有各部门协同推进，人才政策体系才能全面、科学、可行，一旦各自为政，就将导致政策具有各方面的不足。为此，对于西部地区而言，政策制定主体的确定、政策制定主体之间的配合、政策制定主体具有较好的行政效率是推出创新人才政策的前提。此外，分析当前的各项创新人才政策可知，脱离西部地区发展实际、重引进轻培养、重海外轻本土、政策雷同与相似等问题突出，在推进西部地区创新人才聚集效应方面，政策发挥的作用并不尽如人意。只有创新人才体系全面、平衡，才能真正适应并促进经济发展。为此，西部地区需要不断审视、修正、弥补创新人才政策，以将创新人才政策的覆盖面提升、将创新人才工作的质效扩大。

（4）突出创新人才政策的地域特色。分析西部地区各省份推出的人才政策可知，此类政策存在较为严重的同质性、雷同性问题，并没有结合具体的地方特色，例如，各地都于 2011 年左右做了人才规划，但是具体的内容差别不大，对于创新人才的独特吸引力没有凸显出来。为此，对于西部地区来说，在创新人才的政策制定上，特别是在创新人才的激励方面，需要做出不同的安排，既要有必要的物质奖励，也需要考虑不同行业、不同种类、不同年龄段创新人才的特殊要求，进行其他形式的奖励，如荣誉奖励的实施、人才交流会的召开、家庭问题的妥善解决等，使得创新人才政策的可行性和操作性更强。

6.2.1.2　社会生活环境的改良

本书在进行西部地区创新人才聚集效应影响因素研究中发现，创新人才聚集效应与社会生活环境、教育科技环境、经济发展环境、人才服务环境、人文文化环境的关联度都极高，分别为 0.8863、0.8267、0.8656、0.9109、0.8776。其中，人才服务环境因素对创新人才聚集效应起的作用最为重要，社会生活环境紧随其后。创新人才较为注重尊重和自我实现等高层次需要，在考虑经济因素之后，他们也较为注重聚集地区的社会环境、发展空间、交通条件、文化艺术氛围、地缘政治等。西部地区只有同时提供适宜的工作环境和生活环境，才能打造出较好的区位优势，才能吸引越来越多的创新人才聚集。

（1）生活条件的提升。需要打造一个人性化的生活、工作空间，秉持的原则应该动态、适度、前瞻，既要扩大城市环境规模，又要避免过度城市化带来的隐患。与东、中部地区相比，西部地区在人才吸引、人才利用、人才发展方面的载体建设存在一定的滞后性，并不能符合科技创新、产业转型的需要。许多创新人才不愿来到西部地区，并不都是因为经济因素，更多时候，创新人才还会考虑整个区域的环境、教育资源、科技资源、医疗资源、生活便捷度等。因此，西部地区各省份需要注重打造医院、商场、学校、科研院校等，这样一方面能促进高校类、医药卫生类等创新人才的培养，另一方面完善了西部地区的硬件配套设施，让广大市民都能感受到人才的力量，对于创新人才的接纳度、好感度才会提升。

（2）社会保障体系的完善。对于创新人才而言，其在流动的过程中，社会保障体系的作用极为重要。如果社保机制较为完善，医疗保险、养老保险、失业保险、住房公积金等制度能在全国范围内得到有效的解决，形成全国统一的社会保障信息平台，则创新人才的流动手续大大简化、流动顾虑大大减少、流动成本大大降低、流动意愿大大提高，对于西部地区来说，对创新人才社会保障的容纳能力也可以得到提升。此外，由于住房成本、家庭成员的因素，创新人才在西部地区聚集时也会希望得到更为妥善的解决。对于西部地区来说，创新人才方方面面的问题需要加以解决，为其解决后顾之忧，创造一个舒适的工作、生活和发展环境。

6.2.1.3 教育科技环境的提升

分析西部地区创新人才聚集效应的驱动模式可知，贵州、云南、西藏、甘肃、青海、宁夏和新疆等省份是弱势型驱动，也就是这几个省份在社会生活环境、教育科技环境、经济发展环境、人才服务环境和人文文化环境五个方面中的某一或某几方面存在"短板"。如青海和宁夏，这两个省份的教育科技环境得分较低；云南虽然没有明显的"短板"，但是在这五个方面的得分平平，与其他发展较好的地域相比没有任何优势。为此，完善教育科技环境也极为重要。

（1）系统性科技支持系统的形成。对创新人才而言，良好的科技创新环境具有的吸引力较大，而且也能在一定程度上决定创新人才聚集效应能否产生。系统性科技支持系统包含的内容多种多样，需要投入科技经费、建立科技机构、出台科技成果转化机制、推进科技市场建设、高科技创业园区以及高科技企业建设等。科技活动的能量源就是多元化的投融资体系，其能不断推动科技活动的运转。分析科技基础条件平台可知，科技资源、科技数据、文献资源、网络科技环境、科技成果转化基地、科技基础设施等都是其重要组成部分。依托这一平台还能共享科技资源。对于西部地区而言，政府或企业对科研经费投入不足、科研机构的数量短缺、科研仪器设备的更新缓慢、科技成果的转化受阻等在一定程度上影响创新人才进行科技创新的动力和积极性。为此，需要做到以下几点：一是从战略高度重视科技资源的投入。科技资源的投入不仅包括短期的 R&D 经费支出，还涵盖科技经费的监管、科技资金使用效益的研究、财政性科技投入稳定增长机制等。二是建立多元风险投资体制。当前，西部地区科技资源的投资主要是靠政府，由此导致政府的压力较大、科技资金使用效益不佳，为此，今后需要尝试多渠道、多形式的科技投资体系，其中，引导者仍是政府，其他主体的主动性需要提升，如让企业作为投入的主体、发挥银行信贷的支撑作用、积极进行社会筹资和引进外资等。三是完善科技成果转化机制，健全科技市场。四是拓展科技型人才发展空间，完善创新人才发展的各项载体。

（2）产学研一体化平台的建设。创新主体能决定创新人才聚集效应发挥的程度，为此，西部地区为了充分发挥创新人才的聚集效应，就需要树立人的全面发展理念。为了迎合创新人才的这一发展需要，首先，西部各省份需要为创新人才提供良好的教育环境，给予他们更多的受培养机会，统筹做好科技、产业、人才的一体化发展，在建设产业集群的同时注重学科集群的同步建设、在招商引资的同时同步推进招校引智工作，这样才能紧密结合产业集群、学科集群、人才集群的有效对接，打造以产业聚集人才、以人才支撑产业的良好局面。其次，构建完整的技术创新体系。分析东、中部的技术创新体系可知，其主体是企业、导向是市场，产学研是相结合的，西部地区要借鉴这一有益经验，鼓励和支持企业、高校及其他主体加大技术创新投入，充分发挥企业、高校、科研院所等主体的积极性，让不同种类的创新人才聚集到不同主体中。最后，改变创新人才聚集的传统思路，如吸引创新团队取代吸引单个人、鼓励创新人才自主创业等，只有通过多方式、多样化地聚集创新人才，才能符合创新人才的多种需求，让其与西部地区更快地磨合。

6.2.1.4 经济发展环境的优化

分析创新人才可知，其在一个区域聚集的主要目标是获得更多的个人发展机会以及更高的经济收入，为此，对于西部地区来说，健康、持续、快速地发展经济能为创新人才提供更多的机会，也能满足创新人才的需要，还能推动创新人才聚集数量和质量的发展。西部地区要优化升级产业结构，这样才能创造更多有利的条件，为创新人才提供更多的就业和创业机会，提升集群企业之间的人才匹配机会。政府、企业、高校、科研院所等多主体的密切合作、协同配合才能共同推进西部地区的经济发展，其中，政府出台各种政策，为各主体的发展提供良好的政策环境和服务措施，企业、高校等其他主体需要加强技术创新、产品创新、基础创新，这样才能促进经济的持续快速增长。对于西部地区各省份来说，实现创新人才聚集效应提升这一目标，仅依靠政府一个主体是远远不够的，省份与省份之间如果没有紧密的合作、没有形成整个西部地区的协同发展，创新人才聚集效应的水平是得不到长久、持续提升的。为了提升西部地区整体的创新人才聚集效应，最重要的是要打破条块分割，从西部地区整体角度思考问题。分析西部地区可知，各省份面临的有些问题是共通的，如区域封闭、产业同构、人才极化、环境污染、发展乏力等，为了从根源上解决这类问题，需要从整个西部地区入手，打破不合理的行政壁垒，从区域协同发展的战略高度紧密联系不同省份之间的产业布局与优化升级，这样才能推动省份之间良好的人才流动补偿机制，优化不同省份之间的环境，尽量扩大人才优势区域的范围，借助区域协作不断增强区域功能。此外，区域内人才的信息分享和持续激励应该有所侧重，要注重联动效应的发挥，实现西部地区的整体化，要在人才市场环境的建设上保持一致性，打造人才工作的良好氛围。只有这样，才能从整个西部地区的层面上做好资金支持、协调发展，提升整个区域的辐射效应和聚集效应。

（1）提升产业集群的水平。产业集群与创新人才聚集之间的相关研究历来受学界的关注，而且获得的理论和实证研究结果都表明，产业集群与创新人才聚集之间的正相关性较强。产业集群内部，企业、大学、科研机构和中介组织都是主体，不同主体的聚集能够有利于主体间互动关系的建立和稳定，有利于促进各类知识的传递和扩散，进一步打造浓厚的产业氛围。创新人才之间需要及时进行知识、市场、技术、信息的交流和共享，创新人才之间不仅有竞争，更需要合作，这样才有利于人才的共生和持续成长。此外，对于产业聚集、经济发展来说，其对人才聚集的影响较大。

（2）区域劳动力市场的协同整合。如果劳动力市场较为分散，则会导致劳动力资源与就业机会呈现不对称的情况，导致摩擦性失业的存在，即意味着专业人才和企业的匹配并不能即期完成。专业性劳动力市场主要用于整合企业分散的劳动力需求，使这些信息能够共享，向创新人才发布更多的就业信息和就业机会，使得他们能及时、有效地搜寻就业岗位，同时降低创新人才和企业的搜寻成本和流动风险。因此，各级政府需要重视劳动力市场的协同整合。对于西部地区来说，立足于整个西部区域，从战略高度成立区域人才发展战略领导小组是极为必要的，这一领导小组需要负责整个区域创新人才的战略规划、战略政策等工作，以将各省份的人才战略工程进行统筹协调、监管推进、指导完善。一旦区域的创新人才工作碰到重大问题，该领导小组需要就相关问题进行讨论，提出解决措施。同时，还要定期对各省份的人才政策、政策实施情况、创新人才队伍建设情况等进行调研。在具体的人力资源管理服务方面，可以从区域整体的角度提供招聘、培训、考评、薪资福利等方面的信息，让各省份互通有无、相互参照。此外，还需要加强人才信息系统建设和整合劳动力市场内部的人才信息资源。

6.2.1.5　人文文化环境的打造

中国文化绵延5000多年，显示出了极强的凝聚力、稳定性和创新性。我国文化的主要特点是：积极进取、自强不息；重视整体思维、讲究综合创新；孜孜不倦、勇于开拓。作为竞争软实力，创新人才聚集的原动力就是文化，其能推动创新人才进行创新创业、形成开放心态。西部地区要重视文化建设，因为西部地区当前还持有一些消极保守的思想观念，这些传统的思想观念与经济发展、产业转型的需要不相适应。西部地区各省份要进行思想观念的转变，适宜集群成长和人才吸引的文化环境的塑造非常关键。在借鉴国内外先进文化的基础上，西部地区各省份要继承和发展传统文化，政策环境和文化氛围最突出的表现就是鼓励创新、容忍失败。

（1）微观主体文化的加强。微观上来说，要加强高校、科研院所、企业以及其他组织等创新人才具体工作单位的文化建设，强化愿景认同。这主要是因为创新人才在愿景引导下能够将个人目标与组织目标相融合，有利于培养组织承诺，淡化人与人之间的利益冲突，提升人才的忠诚度和使命感。同时，高校、科研院所、企业以及其他组织还需要改善创新氛围，搭建人才沟通平台，营造和谐组织气氛。

（2）城市品牌的打造。宏观上来说，社会集体认知是无形的，其对创新人才聚集效应产生积极作用的前提是正确的引导。为此，西部地区的政府要树立统一、健康的价值观，塑造文化的多元性和包容性，全体社会成员应该坚持基本伦理底线，同时包容多元化的个体认知。对于西部地区各省份的政府来说，应该学习东、中部先进城市的做法，打造城市品牌，将城市的整体印象清晰、直接地展现在创新人才面前，以不断提升城市的吸引力。此外，政府要与企业、高校、科研院所等其他主体共同强化人文环境建设，只有这样才能让创新人才更好地认同和归属，激发他们的潜能和价值。

（3）区域文化的整合。各省份政府要探索区域文化的整合之道，在实施区域协同战略的过程中，西部地区各省份都需要依托各种传统媒体和新兴媒体学习创新文化。其中，学习的主体和单位可以具体到创新主题或社区，这样才能将创新文化渗透到广大市民中。此外，为了提升西部区域文化的适应性和持续发展性，要借鉴和吸收国内外先进城市的文化，如积极举办文化讲座、交流论坛、考察学习等，这样才能提升整个西部地区文化的适应性。

6.2.2 各省份具体的提升路径

6.2.2.1 陕西

根据第 5 章对西部地区创新人才聚集效应的评价可知，2015 年陕西的创新人才聚集效应水平在西部10个省份中排名第2；而且，通过2011～2014年的创新人才聚集效应评价可知，陕西的得分依次为0.6338、0.6683、0.6706和0.6738，也就是说，陕西的创新人才聚集效应呈现好转的趋势，而且与西部其他省份相比，陕西的创新人才聚集效应较好。根据第4章对西部地区创新人才聚集效应影响因素的研究可知，陕西在社会生活、教育科技、经济发展、人才服务和人文文化五个影响因素方面的得分都较好、发展都较为均衡，特别是在人文文化建设方面的得分最高。

陕西是全国有名的"科技大省""高教大省"，为此，应该也是一个经济大省，但是从实际情况来看，陕西表现为居民收入较低、财政收入较小。造成这一问题的深层次原因一定程度在于人才结构的不良。随着"一带一路"倡议的提出和发展，陕西作为丝绸之路经济带的新起点、西部大开发的桥头堡以及位居中国内陆腹地连接中国东部、中部地区和西北、西南地区的重要地理位置，陕西的发展尤其是陕西人力资源的开发研究就显得尤为重要。为此，陕西省需要从以下方面来进一步提升自己的创新人才聚集效应。

（1）摆正创新人才管理的角色。首先，相关行业协会或社会中介机构可以选定、吸收、招聘、认定创新人才，具体事务不再由政府部门承办。而且，依据资质和能力，高校、科研单位、企业等现有培训机构需要对创新人才的继续教育或能力提升教育方面的工作进行授权和承接。其次，形成"政府—社会中介—企业"的互动联系体系，且该体系的建立要以社会需求为导向，对应的创新人才培养机制应该是由市场自主调节。最后，改变创新人才的招聘方式，并加大海外创新人才工作站的建立，引进创新人才的时候需要按照企业需求实行个性化。

（2）丰富创新人才奖励机制。为了更好地激励创新人才、给予其更多的机会、给予其相应的回报，陕西省政府和各市政府要兼顾物质奖励与精神鼓励。首先，如果高层次创新人才流入陕西时带项目、带技术，则政府要给予投资、土地使用等优惠政策；如果高层次创新人才缺乏资金，各级政府要为其提供充足的风险投资、启动资金、贷款贴息等。其次，在创新人才使用中，发挥主体作用的应该是各用人单位，其需要为创新人才提供各种条件，如设立国家级各类创新平台，以不断推动创新人才科研成果早日产业化。

（3）改善本土创新人才的培养结构。根据陕西经济结构调整战略，在人才培养方面，要及时改革高等教育体制，紧密结合高等教育与经济发展。首先，为了适应经济发展的需要和产业结构调整的需要，高等院校需要调整学科和专业结构，以培养相应的创新人才。其次，创新人才的培养模式需要不断优化，不断推进创新人才的继续教育，以满足产业和行业的发展需求。

（4）平衡创新人才政策体系。适宜西部地区发展的创新人才政策的制定是一个系统工程，需要各部门的相互配合和协作。一般而言，人才政策体系具有综合性，各省市组织部人才办、人社局、科技局、发改委、财政局等部门都是人才政策的制定主体，只有各部门协同推进，人才政策体系才能全面、科学、可行。为此，对于陕西而言，政策制定主体的确定、政策制定主体之间的配合、政策制定主体具有较好的行政效率是推出创新人才政策的前提，陕西需要不断审视、修正、弥补创新人才政策，以将创新人才政策的覆盖面提升、将创新人才工作的质效扩大。

6.2.2.2　甘肃

根据第 5 章对西部地区创新人才聚集效应的评价可知，2015 年甘肃的创新人才聚集效应水平在西部 10 个省份中排名第 5；而且，通过 2011~2014 年的创新人才聚集效应评价可知，甘肃的得分依次为 0.2712、0.2782、0.2862 和 0.2873，也就是说，甘肃的创新人才聚集效应呈现好转的趋势，但是与西部其他省份相比，甘肃的创新人才聚集效应较低、差距较大。根据第 4 章对西部地区创新人才聚集效应影响因素的研究可知，甘肃的创新人才聚集效应水平较低的主要原因在于其在社会生活、教育科技、经济发展、人才服务、人文文化的某一个或某几个方面的影响因素中存在"短板"，其中，甘肃在社会生活、教育科技、经济发展、人才服务和人文文化五个方面的具体得分平平，与其他发展较好的地域相比没有任何优势。为此，甘肃需要从以下方面来进行完善。

（1）实施创新人才制度。国家之间、省份之间人才资源的争夺从根源上来说就是人才制度之间的较量，为此，围绕全面深化改革、按照产业结构调整的政策背景，甘肃各级政府要完善人才制度建设。首先，人才观念进行更新，以提升人才的社会地位；其次，人才竞争制度环境进行改善，以实现政策的调整和制度的创新；最后，"人才优先"的福利待遇政策需要建立，以完善人才激励保障体制。

（2）优先保证对创新人才的投资。待遇投资（工资、津贴和住房等投资）、科技投资（科学研究经费的投资）、引进人才投资（迁移）、教育投资（正规教育和继续教育投资）等多方面的投资体系需要建立，而且这一投资体系的建立以政府为引导、以用人单位为主体、以社会力量为补充，对于政府来说，要在高层次创新人才的引导性投入和科技基础条件的公共投入方面进行重点实施。

（3）优化创新人才的工作和生活环境。创新人才生存、成长和发展的外部因素就是其重要的发展环境，这一外部环境涉及多个维度，涵盖社会文化环境、政策制度法制环境、事业环境、安居环境等。对于甘肃来说，人才集聚发展事业平台的搭建对于一流人才的吸引和留住极为重要，为此，甘肃需要改造环境、改善形象、加大宣传、促进科技发展和经济增长，这样才能为引进人才做好各项准备和宏观保障。

（4）提升产业集聚对创新人才的吸引力。地方经济发展的重要方式就是产业集群，且产业集群的形成过程也意味着人才的聚集。为此，甘肃的人才培养引进机制应该是以企业为主体、以产业为牵引、以专业为需求，在此过程中，发挥主体作用的就是用人单位、发挥引导作用的就是政府，而且在人才资源开发和引进过程中，企业、高校、科研院所、社会组织和个人等的支持和参与极为重要。与此同时，为了实现人才的横向和纵向流动，政府需要清除人才流动障碍、优化人力资本配置。实践证明，人才与产业的良性互动需要依托人才链和产业链的有效衔接，这样才能实现人才作用的发挥、产业的发展。

6.2.2.3　宁夏

根据第5章对西部地区创新人才聚集效应的评价可知，2015年宁夏的创新人才聚集效应水平在西部10个省份中排名第7；而且，通过2011～2014年的创新人才聚集效应评价可知，宁夏的得分依次为 0.0634、0.1318、0.1340和 0.1697，也就是说，宁夏的创新人才聚集效应呈现好转的趋势，但是与西部其他省份相比，宁夏的创新人才聚集效应还有较大差距。根据第 4 章对西部地区创新人才聚集效应影响因素的研究可知，宁夏的创新人才聚集效应水平之所以较低，主要原因就是在社会生活、教育科技、经济发展、人才服务、人文文化的某一个或某几个方面的影响因素中存在"短板"，其中，宁夏的教育科技环境得分较低。

我国唯一的回族自治区就是宁夏，且其处在西北内陆，地理位置、宗教文化、语言等都极为特殊。宁夏在吸纳人才时，面对的困难较多：经济发展相对落后、自然条件差、高新技术产业群缺乏、大型企业群较少、知名学府数量不足等，这些都导致创新人才的吸纳空间有限，高层次创新人才的聚集程度不高。为此，宁夏需要从以下方面来进行完善。

（1）以政府为主导，完善创新人才引进机制。首先，树立正确的创新人才理念是西部地区各省份政府、企业、高校等主体开展创新人才工作的指导思想，只有拥有了正确的创新人才理念，才能真正认识创新人才、用好创新人才、服务创新人才。为此。宁夏需要具有开放、长远的视野，立足本地区的经济发展和产业转型的需求，有目的、有计划地吸引并开发行业关联的创新人才，出台有特色、有深度、可行的人才政策。其次，完善创新人才规划，特别是实施创新人才引进优惠政策。政府的主导作用应该充分发挥，全面调查对创新人才的需求，并以此为基础制定创新人才规划，这样才能更好地明确创新人才的发展目标、更好地利用外部创新人才。如果自治区缺乏某一类高新技术及高级管理人才，宁夏要与沿海发达地区一样，给予其较好的工资福利待遇。再次，为了提升创新人才的吸纳力，宁夏要改善道路、教文卫等基础设施和服务设施，创造较好的生活条件。而且，要解决高层次人才的后顾之忧，解决医疗、户籍、住房、科研经费、子女教育等方面的问题。最后，为了更好地吸引开放型、自主创业型的创新人才，自治区政府要制定相应的优惠政策，如贷款政策、税收政策等，要做好舆论宣传，营造良好的社会舆论环境来吸引各类创新人才。

（2）以企业为重点，健全用好创新人才、留住创新人才机制。首先，培育区域产业集群，为各类创新人才提供广阔的舞台，特别是要提升传统产业，如羊绒精纺、煤化工、现代农业等；同时，择优发展新兴产业，包括新医药、新能源、新材料等。其次，完善用人机制，不断优化创新人才结构。如在招录人才中，秉持"能力定岗、能力定薪、量才使用"的原则；在人才培养方面，提升与利用现有创新人才，并利用各种途径提升继续教育的效果；在人才考评方面，制定详细的职称评定、绩效考核制度等，以真正提拔和重用工作能力较强的创新人才。

（3）生活条件的提升。需要打造一个人性化的生活、工作空间，秉持的原则应该动态、适度、前瞻，既要扩大城市环境规模，又要避免过度城市化带来的隐患。与东、中部地区相比，西部地区在人才吸引、人才利用、人才发展方面的载体建设存在一定的滞后性，并不能符合科技创新、产业转型的需要。许多创新人才不愿来到西部地区，并不都是因为经济因素，更多时候，创新人才还会考虑整个区域的环境、教育资源、科技资源、医疗资源、生活便捷度等。因此，西部地区各省市需要注重打造医院、商场、学校、科研院校等，这样一方面能促进高校类、医药卫生类等创新人才的培养，另一方面完善了西部地区的硬件配套设施，让广大市民都能感受到人才的力量，对于创新人才的接纳度、好感度才会提升。

（4）社会保障体系的完善。对于创新人才而言，其在流动的过程中，社会保障体系的作用极为重要。如果社保机制较为完善，医疗保险、养老保险、失业保险、住房公积金等制度能在全国范围内得到有效的解决，形成全国统一的社会保障信息平台，则创新人才的流程手续大大简化、流动顾虑大大减少、流动成本大大降低、流动意愿大大提高。此外，由于住房成本、家庭成员的因素，创新人才在西部地区聚集时也会希望得到更为妥善的解决。因此对于宁夏来说，创新人才方方面面的问题都需要加以解决，为其解决后顾之忧，创造一个舒适的工作、生活和发展环境。

（5）系统性科技支持系统的形成。对创新人才而言，良好的科技创新环境具有的吸引力较大，而且也能在一定程度上决定创新人才聚集效应能否产生。系统性科技支持系统包含的内容多种多样，需要投入科技经费、建立科技机构、出台科技成果转化机制、推进科技市场建设、推进高科技创业园区以及高科技企业建设等。科技活动的能量源就是多元化的投融资体系，其能不断推动科技活动的运转。分析科技基础条件平台可知，科技资源、科技数据、文献资源、网络科技环境、科技成果转化基地、科技基础设施等都是其重要的组成部分，依托这一平台还能共享科技资源。对于宁夏而言，政府或企业对科研经费投入不足、科研机构的数量短缺、科研仪器设备的更新缓慢、科技成果的转化受阻等在一定程度上影响创新人才进行科技创新的动力和积极性。为此，需要做到以下几点：一是从战略高度重视科技资源的投入。科技资源的投入不仅包括短期的 R&D 经费支出，还应涵盖科技经费的监管、科技资金使用效益的研究、财政性科技投入稳定增长机制等。二是建立多元风险投资体制。当前，西部地区科技资源的投资主要是靠政府，由此导致政府的压力较大、科技资金使用效益不佳，为此，今后需要尝试多渠道、多形式的科技投资体系，其中，引导者仍是政府，其他主体的主动性需要提升，如让企业作为投入的主体、发挥银行信贷的支撑作用、积极进行社会筹资和引进外资。三是完善科技成果转化机制，健全科技市场。四是拓展科技型人才发展空间，完善创新人才发展的各项载体。

6.2.2.4　青海

根据第 5 章对西部地区创新人才聚集效应的评价可知，2015 年青海的创新人才聚集效应水平在西部 10 个省份中排名第 9；而且，通过 2011～2014 年的创新人才聚集效应评价可知，青海的得分依次为 0.0695、0.0750、0.0780 和 0.0800，也就是说，青海的创新人才聚集效应呈现好转的趋势，但是与西部其他省份相比，青海的创新人才聚集效应较低、差距较大。根据第 4 章对西部地区创新人才聚集效应影响因素的研究可知，青海的创新人才聚集效应水平之所以较低，主要在于其社会生活、教育科技、经济发展、人才服务、人文文化的某一个或某几个方面的影响因素中存在"短板"，其中，青海的教育科技环境得分最低。为此，对于青海来说，为了提升创新人才聚集效应的水平，必须改善社会生活、教育科技、经济发展、人才服务、人文文化方面，最为重要的就是塑造良好的教育科技环境。

进一步分析可知，当前青海的创新人才资源短缺和结构不合理并存，教育发展水平较低等问题较为突出，因此，出台具有地域特色的、与经济发展相适应的创新人才开发、吸引、使用、保留战略极为重要。为了更好地吸引、留住创新人才，青海需要从以下几方面进行努力。

（1）提升经济条件。首先，政府应加大经济扶助。为了使得本地区人才有较为充足的资金支持，政府要为一些产业、企业和项目提供资金支持，可以依托较多的方式，如参股、投资、联营等；同时，对本地人才的流动，政府要进行宏观和间接性调控，这样才能实现对优秀企业、优势项目、优势产业、关系产业发展的扶持力度。其次，政府应出台大幅度减免税等优惠政策。为了吸引更多的创新人才带项目到青海投资，政府可以采取灵活多样的形式，放宽信息、项目等方面的限制。再次，重点发展特色经济与循环经济。依托当地的资源优势，政府要积极发展循环经济，凸显出低能耗、成本集约等特点。最后，优化产业结构，寻求经济增长的新方式。政府要改变产业结构老化、单调的局面，培育技术与资金密集型的新兴产业，发展具有前沿技术优势、高附加值的产业，充分发挥新项目的积极作用。

（2）创建高效务实的政务管理环境。依据实际情况以及本省的地域特色、民族特色，青海的人才流动政策需要更为积极和宽松，同时，"以人为本"是各项人才管理工作必须秉持的重要原则，这样才能使得政策体系强化服务意识、增大科技含量、提升管理水平，最终使得人才管理工作的社会氛围更为和谐。

（3）提供优良的工作、居住环境。青海的自然生态环境恶劣，如空气稀薄、气候干燥、海拔高，且基础设施发展落后、城镇化程度低，在创新人才的吸引方面困难较多。为此，青海要加大对基础设施建设的投资，特别是在住房、饮水、交通、通信、体育、电力、文化娱乐等方面，要推进区域及城乡的协调发展，以提升城镇化进程，同时，筹措资金的渠道和途径应该多样，这样才能实现科技创业园区与基地的建设，特别是要重视园区内企业文化建设，塑造良好的群体心理气氛和人际关系。

（4）优化创新人才结构。人力资本投资，特别是教育，是人力资本形成的重要渠道。通过教育，人力资源的质量能够得到提升。根据发展现状，青海应该实现整个地区的"大教育"体系，这样才能实现人才培育规模的扩大，改变狭隘的学历教育模式。当前，青海省的人才结构缺陷较为严重，主要表现为高科技人才、复合型人才以及实用型人才相对短缺，乡镇企业和非公有制企业十分缺乏创新人才。为此，在做好学历教育的基础上，青海应突出素质教育、加强非学历教育，实现人才构成的合理化、多样化、年轻化；同时，将行业间的差距进行适当调整，以消除"行业偏好"，防止畸形创新人才流动现象的出现。

6.2.2.5 新疆

根据第 5 章对西部地区创新人才聚集效应的评价可知，2015 年新疆的创新人才聚集效应水平在西部 10 个省份中排名第 8；而且，通过 2011～2014 年的创新人才聚集效应评价可知，新疆的得分依次为 0.1729、0.2066、0.2381 和 0.2402，也就是说，新疆的创新人才聚集效应呈现好转的趋势，但是与西部其他省份相比，新疆的创新人才聚集效应较低、差距较大。根据第 4 章对西部地区创新人才聚集效应影响因素的研究可知，新疆的创新人才聚集效应水平较低的主要原因在于其社会生活、教育科技、经济发展、人才服务、人文文化的某一个或某几个方面的影响因素中存在"短板"，其中，新疆的社会生活环境得分最低。为此，对于新疆来说，为了提升创新人才聚集效应的水平，必须改善社会生活、教育科技、经济发展、人才服务和人文文化方面，最为重要的就是塑造良好的社会生活环境。

新疆作为欠发达地区，面对长期存在的人才流失问题，需要积极变革人才的工作机制、人才专项基金、人才的管理体制，这样才能形成良好的创新人才聚集体制机制，为此，新疆需要做到以下几个方面。

（1）完善社会服务体系。为了吸引更多的创新人才，出台优惠政策是必须首先要做到的：第一，为了保障各类创新人才所获利益的合法化，确保创新人才能获得合理的薪酬、满意的社会福利，新疆要制定一系列的政策与法律；第二，简化人才引入手续，将不合理的限制性因素删除，制定科学、有效的人才政策；第三，为了确保创新人才在新疆的生活更为便捷，需要完善社会服务体系，特别是医疗、贷款、住房等政策。

（2）简政放权，改进管理方式。新疆各级人才管理部门应该规范创新人才的评价、创新人才的流动，简政放权，减少行政力量的过度干预，这样建立的创新人才制度才更具竞争力、创新人才体系才更加开放。比如，出台"负面清单"制度，用人单位应具备更多的用人权；增强人才政策的开放度，扩大用人单位的自主决策权，让用人单位解决资源分配、人才评价、选拔任用和激励等问题。

（3）加大创新人才政策的宣传。在规划了一系列创新人才政策之后，新疆还要做好政策的宣传、推广工作，这样才能扩大政策的知晓层次，让不同类别的创新人才准确了解人才政策的同时，不断提升政策的激励效应。而且，通过创新人才政策的广泛宣传，还能让本地区的人民群众积极引才荐才，感受到政府集聚创新人才的决心，强化整个社会对创新人才的友好氛围。在具体宣传创新人才政策的过程中，政府可以同时采用传统媒体和新兴媒体，传统媒体就是政府网站、电视、报纸、宣传栏等，新兴媒体的形式多样，微博、微信、微视频等形式都可以使用，这样才能尽最大可能宣传好人才政策，让各类创新人才真正了解人才政策，奠定人才政策的落实基础。

（4）加大创新人才政策的开放力度。当前，新疆较为缺乏各领域高层次尖端型创新人才和实用型创新人才，为此，多渠道的创新人才工作体系的建立极为必需。首先，新疆的创新人才政策应该借鉴国内先进经验，吸引、使用、评价和激励创新人才等的人才制度应该更高规格、更具吸引力、更具改革力度，这样才能实现人才政策高地。其次，创新人才政策的宣传力度需要加强，在更广地域内利用各类媒体宣传新疆创新人才发展的各类政策措施，以不断提升创新人才政策的知晓度。再次，依据各类创新人才特点，出台人才评价政策，提升政策的差异性、灵活性、科学性。最后，"两高"人才的培养需要加快，如实施"青年科技创新人才培养工程""天山英才工程""天山学者计划"，以不断加强中青年科技骨干、高层次领军人才、学术精英的培养。

6.2.2.6 西藏

根据第 5 章对西部地区创新人才聚集效应的评价可知，2015 年西藏的创新人才聚集效应水平在西部 10 个省份中排名最后；而且，通过 2011～2014年的创新人才聚集效应评价可知，西藏的得分依次为 0.0002、0.0009、0.0022 和 0.0068，也就是说，西藏的创新人才聚集效应呈现好转的趋势，但是与西部其他省份相比，西藏的创新人才聚集效应最低、差距较大。根据第 4 章对西部地区创新人才聚集效应影响因素的研究可知，西藏的创新人才聚集效应水平较低的主要原因在于其社会生活、教育科技、经济发展、人才服务、人文文化的某一个或某几个方面的影响因素中存在"短板"，特别是社会生活、经济发展方面的得分最低。

按照辐射理论的相关内容，我国中、东部地区对西藏的影响较小，西藏受其他地区的经济带动作用较弱。而且，西藏的师资情况、教育环境、教学条件等都不尽如人意，需要从以下几个方面进行创新和完善。

（1）树立教育优先发展观念，重视培养本土创新人才。首先，将教育优先发展置于战略地位，在做好西藏全民健康素质、思想道德素质、科学文化素质工作的基础上，树立大教育和大培训观念，以不断加强创新人才能力建设。其次，注重本土创新人才的培养，检验创新人才工作的成效就是科学发展成果，要发挥各类创新人才的作用，做到用好、用活创新人才。

（2）建立和完善创新人才市场体系。首先，在创新人才资源配置中，起基础作用的是市场，要实现人才市场主体作用的有效发挥，真正做到指导监督有力、机制健全、服务周到、运行规范。同时，创新人才使用制度应该注重以援藏人才、引进人才为主导，这样能突出创新人才的特殊性，在市场供求关系的指导下，实现社会需求与人才自身价值的结合，最终有效解决人才供求矛盾。其次，消除创新人才流动中的各种限制，包括身份、所有制、区域、部门、行业、城乡等，以促进人才的合理流动。

（3）形成多元化的创新人才引进机制。为了填补西藏紧缺的人才资源，扩大创新人才引进规模意义重大，为此，西藏要扩大对外交流，实现国内引进与国外引进相结合、引进智力与引进人才相结合。第一，要重视重点领域的高级专业技术人员;第二,以多种渠道、多种方式争取国外智力和海外留学人员,以吸引为主,用良好的机制和环境吸引创新人才;第三,为西藏服务的方式多样,如邀请专家学者和留学人员等来西藏讲学、技术入股、合作研究、兴办企业、技术交流、成果转让、技术承包等;第四,为创新人才创造方便和优质的服务,特别是在政策和法律保证方面。

6.2.2.7 云南

根据第 5 章对西部地区创新人才聚集效应的评价可知,2015 年云南的创新人才聚集效应水平在西部 10 个省份中排名第 4;而且,通过 2011~2014 年的创新人才聚集效应评价可知,云南的得分依次为 0.3177、0.3217、0.3221 和 0.3262,也就是说,云南的创新人才聚集效应呈现好转的趋势,但是与西部其他省份相比,云南的创新人才聚集效应较低、差距较大。根据第 4 章对西部地区创新人才聚集效应影响因素的研究可知,云南的创新人才聚集效应水平之所以较低,主要原因是在社会生活、教育科技、经济发展、人才服务、人文文化的某一个或某几个方面的影响因素中存在"短板",其在社会生活、教育科技、经济发展、人才服务和人文文化五个方面的具体得分平平,与其他发展较好的地域相比没有任何优势。

云南地处西南边陲,创新人才效能较低。造成这一现象的原因主要是云南的文化、经济、教育、社会等基础条件相对滞后,因此,云南为了实现智力型增长,必须要营造良好的人才培育环境。

(1)促进人才发展与经济增长的协同。云南要将人才强省战略作为重要的战略任务,充分发挥创新人才推动经济社会发展的根本动力作用。为此,云南需要协同经济增长和人才发展,智力资源对于经济增长的作用要充分发挥,而且要用良好的收入预期来吸引创新人才,实现两者的良性循环。

(2)加大科技投入,营造良好的科研环境。培养创新人才的主要途径、发挥创新人才的重要作用就是科学研究,因此,云南要加大科技投入,特别是要重视实用性科学研究的投入,这样才能提升科学研究的水平,提升创新人才的竞争力。同时,云南聚居的少数民族较多,为此,其应该依托西部大开发这一重要机遇,出台对少数民族创新人才培养的优惠政策。

（3）创新人才政策环境。云南地方政府各级领导应注重公共利益服务方面政策的有效性，要提高此类创新人才政策安排的科学性与合理性，特别是要实现创新人才政策的普惠性。当前，云南的创新人才政策缺乏对普通创新人才的关注和关怀，这样数量较大的普通创新人才的待遇和资源较少，为此，云南要促使政策转型，改善政策环境，实现人人成才的良好局面。

（4）提升产业集群的水平。产业集群与创新人才聚集之间的相关研究历来受学界的关注，而且获得的理论和实证研究结果都表明，产业集群与创新人才聚集之间的正相关性较强。产业集群内部，企业、大学、科研机构和中介组织都是主体，不同主体的聚集能够有利于主体间互动关系的建立和稳定，有利于促进各类知识的传递和扩散，进一步打造浓厚的产业氛围。创新人才之间需要及时进行知识、市场、技术、信息的交流和共享，创新人才之间不仅有竞争，更需要合作，这样才有利于人才的共生和持续成长。此外，对于产业聚集、经济发展来说，其对人才聚集的影响较大。

6.2.2.8　贵州

根据第 5 章对西部地区创新人才聚集效应的评价可知，2015 年贵州的创新人才聚集效应水平在西部 10 个省份中排名第 6；而且，通过 2011～2014 年的创新人才聚集效应评价可知，贵州的得分依次为 0.2629、0.2707、0.2713 和 0.2716，也就是说，贵州的创新人才聚集效应呈现好转的趋势，与西部其他省份相比，贵州的创新人才聚集效应状况较好，但是与四川、陕西、重庆相比，尚有差距。根据第 4 章对西部地区创新人才聚集效应影响因素的研究可知，贵州的创新人才聚集效应水平之所以较低，主要原因是在社会生活、教育科技、经济发展、人才服务、人文文化的某一个或某几个方面的影响因素中存在"短板"，其在经济发展水平方面较为滞后，特别是全员劳动生产率，排在倒数第 3 位。

云贵高原的东部就是贵州，受历史、自然等因素的制约，贵州的发展态势一直不振，经济社会发展等主要指标表现不佳。在当今世界知识经济化和当代中国市场经济化日益明确的态势下，贫困和落后仍是制约贵州经济发展的主要短板，但不论知识经济还是市场经济，其核心内容皆是人才经济，特别是其中的创新人才。当今的贵州，创新人才问题存在着总量不足、机制不全、投入太低等一系列问题，是制约贵州实现同步小康的主要瓶颈。因此，贵州要想在短时间内冲出"经济洼地"，"人才高地"战略构建则是不可逾越的重要关口，需要做到以下几点。

（1）做好创新人才引进规划。当前，贵州已经实施了"城镇化带动战略"和"工业强省战略"，在此背景下，贵州要打造良好的社会氛围和人文环境，如尊重知识、重视人才，这样才能有利于创新人才成长与创业平台的形成。同时，贵州要大力吸引海外和国内杰出人才到贵州创业发展，需要创立、规范和优化人才流动体制和人才市场体系。

首先，贵州人才强省战略的基石就是人才引进的战略规划。贵州要根据地方的经济建设和社会发展，结合战略产业储备社会紧缺人才和高层次技术人才。在引进各类人才时，方式可以多样，如担任业务顾问、项目合作、技术入股等。此外，要在坚持"重点引进和按需引进"原则的基础上，大力引进海外高层次人才，特别是高新技术等紧缺专业的高层次人才。其次，通过在研项目和产业来吸引创新人才。一般而言，创新人才彰显聪明才智和实施服务社会的桥梁就是课题、项目、产业，而且，其也是人才成长和才华施展的平台。为此，贵州要实施人才与项目对接，实现人才与产业互动。再次，人才机制应该是"温性引进和柔性流动"相结合，这样才能消除人才流动的体制性障碍，实现来去自由的人才流动机制，使得户口不迁、编制不动、进出自由，真正有机结合人才引进和智力引进。最后，人才保障机制需要完善，要解决好各类创新人才的切身利益问题，实施有更多优惠政策和相应措施的人才引进制度。

（2）产学研一体化平台的建设。创新主体能决定创新人才聚集效应发挥的程度，为此，贵州为了充分发挥创新人才的聚集效应，需要树立人的全面发展理念。为了迎合创新人才这一发展需要，贵州首先需要为创新人才提供良好的教育环境，给予他们更多的培养机会，统筹做好科技、产业、人才的一体化发展，在建设产业集群的同时注重学科集群的同步建设、在招商引资的同时同步推进招校引智工作，这样才能实现产业集群、学科集群、人才集群的有效对接，打造以产业聚集人才、以人才支撑产业的良好局面。其次，构建完整的技术创新体系。分析东、中部的技术创新体系可知，其主体是企业、导向是市场，产学研是相结合的，为此，贵州要吸收这一有益经验，鼓励和支持企业、高校及其他主体加大技术创新投入，充分发挥企业、高校、科研院所等主体的积极性，让不同种类的创新人才聚集到不同主体中。最后，改变创新人才聚集的传统思路，如吸引创新团队取代吸引单个人、鼓励创新人才自主创业等，只有多方式、多样化地聚集创新人才，才能符合创新人才的多种需求，让其与西部地区更快地进行磨合。

6.2.2.9　四川

根据第 5 章对西部地区创新人才聚集效应的评价可知，2015 年四川的创新人才聚集效应水平在西部 10 个省份中排名第 1；而且，通过 2011 ~ 2014 年的创新人才聚集效应评价可知，四川的得分都是最好的。根据第 4 章对西部地区创新人才聚集效应影响因素的研究可知，四川在社会生活、教育科技、经济发展、人才服务和人文文化五个影响因素方面的得分都较好、发展都较为均衡，特别是在经济发展和人才服务方面远远领先于其他省份。

伴随着"一带一路"等政策福利的不断升温，西部大省四川对周围的辐射与吸引力不断增强。作为能动性最强以及最具竞争力的资源——人才资源，也逐渐向四川聚拢。在西部地区人才净流入占比方面，四川排名第 1、重庆名列第 2，这表明，四川吸引外地人才的龙头优势在短时期内还没有其他地域可以取代。但是，与东部发达省份相比，四川在创新人才聚集之后的开发、使用方面还存有一定的不足，如人才政策环境有待进一步优化、人才聚集机制尚不完善、少数城市聚集了大部分创新人才等。为此，四川省需要做出以下努力。

（1）健全创新人才市场体系。加大投入创新人才市场的基础设施建设，实现全省统一的网络服务系统和人才信息共享平台，并进行尝试整合泛珠三角"9 + 2"区域人才市场信息。同时，四川要整合省内人才市场，不断提升其辐射作用，实现对周边地区人才供求调剂作用较大的区域性人才市场的建立。

（2）推进经济社会发展。四川要积极发展生态型、特色化、效益型的现代农业，以协调发展城镇化、工业化和农业产业化。同时，依托高新技术和先进适用技术对传统产业进行改造，并通过资源的深度开发，用信息化促进工业化，并重点推动旅游业和物流业的发展，不断完善四川省的现代服务。同时，重点培育大型企业集团和名牌企业、名牌产品，不断推进大型规模企业群和优势产业群的发展，为创新人才创造更好的就业空间。例如，建立"四川省引进人才工作证"制度，实现人事档案管理制度和户籍制度的改革，完善社会化的人才档案公共管理服务系统；规范创新人才流动的秩序，促进其柔性流动。与此同时，加大基层、企业、农村和艰苦边远地区对各类创新人才的吸引力。

6.2.2.10　重庆

根据第5章对西部地区创新人才聚集效应的评价可知，2015年重庆的创新人才聚集效应水平在西部10个省份中排名第3；而且，通过2011~2014年的创新人才聚集效应评价可知，重庆的得分依次为0.4208、0.4245、0.4465和0.6008，表示与西部其他省份相比，重庆的创新人才聚集效应状况较好，但是与四川还有一些差距。根据第4章对西部地区创新人才聚集效应影响因素的研究可知，重庆在社会生活、教育科技、经济发展、人才服务和人文文化五个影响因素方面的得分都较好、发展都较为均衡，特别是社会生活环境打造较好。

西部地区唯一的直辖市就是重庆，且经过多年建设，重庆取得的成就瞩目，当前的重庆已经发展成为市场有序、经济繁荣的年轻大都市。而且，作为全国统筹城乡综合配套改革试验区，重庆要努力成为长江上游地区的经济中心，要加快城镇化、工业化和城乡一体化建设。

（1）引进各领域的创新人才。对于重庆来说，创新人才的引进要多样化，要根据自身发展各个领域的实际需要引进适合的优秀人才。首先，重庆要对引进的优秀企业家给予优越的待遇和优惠的政策，塑造良好的市场竞争环境，以不断推进重庆的经济发展；其次，为了能更好地引进学术科学领军人才，需要充分发挥重庆大学等本土重点高校的作用，这就需要投入科研经费、营造良好的学术环境；最后，依据重庆自身的发展情况，要用丰厚的待遇吸引各类工程技术高端人才以及金融高端人才，这一过程离不开本土企业、本地银行、证券公司等金融单位的支持和帮助。

（2）丰富引进的方式。第一，实施专场招聘会，主要是由政府进行牵头、由企事业单位参与。专场招聘会前期要利用各种媒介广泛宣传，这样才能广泛吸引各个领域的创新人才；中期，针对每位创新人才的疑问，要给予解答和解释；后期，要及时反馈给创新人才各类信息。第二，要有效发挥分层次的人才市场的作用，并重点进行高层次创新人才市场的建设，将应聘人员和招聘单位的准入门槛提高，长此以往，才能形成层次较高、规模较大的高水平人才市场。第三，人才市场方面，要充分发挥政府的宏观调控职能，其中，较为重要的就是出台相关政策以规范人力资源市场的竞争秩序，杜绝恶性竞争现象。第四，接受西三角地区人才的辐射，实施社会保障、人才培养、就业政策、户籍制度、工资政策等的对接，充分发展"方式灵活，渠道畅通，待遇优越"的创新人才发展模式，并有效解决子女教育问题、住房保障问题、家属就业问题，以提升外来创新人才的吸纳性。

（3）健全创新人才资源培养机制。首先，政府要和高校联盟，加大创新人才培养力度，例如，可以开展创新人才培训班，以提升他们的再学习能力、更新知识结构；可以成立各类人才协会，以促进不同领域、不同学科创新人才之间的交流。其次，充分发挥企事业单位在青年创新人才培养方面的作用，在政策、税收等方面给予适当优惠并不断规范中介培训机构的发展。最后，促进城乡教育制度的统筹发展，使得城乡教育在师资配备、教研经费、硬件设施等方面都实现平等，这样才能提升创新人才资源总体素质。

（4）完善创新人才的保障体制。首先，重庆要不断创新薪资福利形式、提高薪资福利水平，实现对创新人才的有效激励。例如，创造更好的生活环境和居住条件、为创新人才的配偶提供适合的工作岗位、为创新人才的子女教育给予优惠政策。对于广大在基层工作的创新人才，重庆在改善居住条件和生活环境的基础上，要进行基层设施建设，创造更好的工作环境。其次，针对创新人才，出台专门的补充住房公积金制度、补充养老保险和医疗保障待遇等制度，以提升对人才的吸引力。

6.3　本章小结

　　本章主要是针对西部地区创新人才聚集效应的提升提出相应的对策建议。首先，阐述了西部地区创新人才聚集效应提升的问题与对策分析，在此基础上，分析了西部地区经济社会发展相对滞后、创新人才聚集效应成效也相对滞后的区域，指出在创新人才聚集效应提升方面存在的主要问题，并相应地提出了原则性的化解对策。在回顾西部地区创新人才聚集现有做法的基础上，构建了西部地区创新人才聚集效应提升的路径图，从人才服务环境的完善、社会生活环境的改良、教育科技环境的提升、经济发展环境的优化和人文文化环境的打造五个方面提出西部地区创新人才聚集效应提升的整体对策。进一步地，分省份提出各省份创新人才聚集效应提升的具体对策。

第7章

结论与展望

7.1　研究结论

本书以《西部地区创新人才聚集效应影响因素及提升路径研究》为题，基于人力资本理论、人才流动理论、人口迁移相关理论以及协同学理论，采用定性与定量相结合的研究方法，对西部地区创新人才聚集效应进行系统研究，旨在明确西部地区创新人才聚集效应的水平、西部地区创新人才聚集效应的影响因素，综合分析西部地区创新人才聚集的问题并提出对策建议。具体来看，此次研究得到了以下主要结论。

（1）西部地区创新人才聚集效应是指在西部地区、在一定的时间和空间范围内以及和谐环境下，创新人才按照一定的相互联系相对集中在一起所产生的超过各自独立作用的效应。

本书在分析创新人才的内涵、特征及成长规律的基础上，对比创新人才聚集现象与创新人才聚集效应的区别和联系，结合西部地区的特征，提出了西部地区创新人才聚集效应的内涵。

（2）西部地区创新人才聚集效应的主要内容由基础层、生成层、转化层、显现层组成，涉及知识共享效应、创新网络效应、集体学习效应、地区品牌效应及规模效应五大子效应。

本书梳理人才聚集效应的研究成果之后,构建了西部地区创新人才聚集效应的主要内容结构,包括知识共享效应、创新网络效应、集体学习效应、地区品牌效应及规模效应五大子效应,并构建了西部地区创新人才聚集效应的生成过程图,提出规模效应是基础层,知识共享效应是生成层,集体学习效应和创新网络效应属于转化层,地区品牌效应是最后的显现层,揭示了西部地区创新人才聚集效应的生成过程。

(3)构建西部地区创新人才聚集效应评价指标体系及评价模型,实现西部地区 2011～2015 年的创新人才聚集效应的评价,结果表明,西部地区创新人才聚集的整体效应不断提升。

基于西部地区创新人才聚集效应的主要内容结构,结合指标体系的个体检验和整体检验,形成西部地区创新人才聚集效应评价指标体系,该指标体系包含五个维度共 14 个具体测度指标。借鉴相对偏差模糊矩阵法,构建西部地区创新人才聚集效应的评价模型,收集 2011～2015 年西部地区各省份的具体数据,实现对西部地区创新人才聚集效应的评价。结果显示:西部地区创新人才聚集的整体效应不断提升,但各省份创新人才聚集效应的差距较大。从整体上看,随着时间的推进,西部地区 10 个省份(陕西、甘肃、宁夏、青海、新疆、西藏、云南、贵州、四川和重庆)的创新人才聚集效应都在不断好转。

(4)西部地区创新人才聚集效应的主要影响因素指标体系包括社会生活环境、教育科技环境、经济发展环境、人才服务环境和人文文化环境五个维度共 21 个具体测度指标,且每个指标对创新人才聚集效应都有重要影响。

基于内容分析法和问卷调查法,本书构建了西部地区创新人才聚集效应的影响因素指标体系。该指标体系包括社会生活环境、教育科技环境、经济发展环境、人才服务环境和人文文化环境五个维度共 21 个具体的测度指标。使用灰色关联分析法研究各因素与西部地区创新人才聚集效应的影响程度可知,21 个影响因素对创新人才聚集效应都有重要影响,灰色关联度都高于 0.9。西部地区创新人才聚集效应与社会生活环境、教育科技环境、经济发展环境、人才服务环境和人文文化环境的关联度都极高，分别为 0.8863、0.8267、0.8656、0.9109 和 0.8776。其中，人才服务环境因素对创新人才聚集效应起的作用最为重要，为 0.9109，其次分别为社会生活环境、人文文化环境、经济发展环境以及教育科技环境因素。

（5）影响因素对西部地区各省份创新人才聚集效应的影响程度存在显著差异，陕西、甘肃、宁夏、青海、新疆、西藏、云南、贵州、四川和重庆等 10 个省份的创新人才聚集效应与各影响因素的关联程度都存在差异，这样就导致了不同省份创新人才聚集效应呈现出不同的发展模式和发展轨迹。

为了了解西部地区 10 省份在创新人才聚集效应影响因素方面的具体区别，本书以 2015 年为例，采用灰色关联分析法，对比分析各影响因素对陕西、甘肃、宁夏、青海、新疆、西藏、云南、贵州、四川和重庆等 10 个省份创新人才聚集效应的影响程度及大小。通过绘制 10 省份创新人才聚集效应与影响因素的总体关联度图、10 省份创新人才聚集效应与各维度影响因素的关联度图可知：第一，对于陕西、甘肃、宁夏、青海、新疆、西藏、云南、贵州、四川和重庆等 10 个省份而言，创新人才聚集效应受影响因素程度较大，各省份与影响因素的总体关联度都在 0.8 以上。但是，10 个省份的创新人才聚集效应受影响因素程度亦存在一定的差异，出现了阶梯化的现象。①各类影响因素对贵州的创新人才聚集效应影响程度最大，超过了 0.95；②四川、重庆、陕西的创新人才聚集效应受各影响因素的影响程度相对较低，处于 [0.8，0.9]；③宁夏、云南、甘肃、青海、西藏、新疆的创新人才聚集效应受各影响因素的影响程度处于 [0.90，0.95]。第二，从社会生活维度、教育科技维度、经济发展维度、人才服务维度、人文文化维度分析来看，陕西、甘肃、宁夏、青海、新疆、西藏、云南、贵州、四川和重庆等 10 个省份创新人才聚集效应受各维度影响因素的影响程度存在一定差异。①在社会生活方面，西藏的创新人才聚集效应受此维度影响较大，而四川受此维度影响较小；②在教育科技方面，宁夏、贵州、甘肃、青海、西藏、新疆的创新人才聚集效应受此维度影响都较大；③在经济发展方面，除了重庆的创新人才聚集效应受此维度影响较小之外，其他省份的关联度都高于 0.9；④在人才服务方面，宁夏、贵州、甘肃、新疆的创新人才聚集效应受此维度影响较大；⑤在人文文化方面，宁夏、贵州、重庆、青海、新疆的创新人才聚集效应受此维度影响较大。

（6）使用聚类分析发现，西部地区 10 省份创新人才聚集效应影响因素具有显著差异。在研究了西部地区创新人才聚集效应的影响因素之后，本书分析了西部地区 10 省份创新人才聚集效应影响因素的差异性。结果表明：贵州、云南、西藏、甘肃、青海、宁夏和新疆这 7 个省份在社会生活、教育科技、经济发展、人才服务和人文文化的某一个或某几个方面的影响因素中存在"短板"；重庆、四川和陕西这 3 个省份在社会生活、教育科技、经济发展、人才服务和人文文化方面的得分都较好、发展较为均衡。具体来看，西藏的创新人才环境因素得分最低，这是由于特殊的地理位置等原因造成的；而其他地区，如青海和宁夏，这 2 个省份的教育科技环境得分较低；新疆在社会生活环境方面得分不高；云南虽然没有明显的"短板"，但是在社会生活环境、教育科技环境、经济发展环境、人才服务环境和人文文化环境五个方面的具体得分平平，与其他发展较好的地域相比没有任何优势；贵州的经济发展水平较为滞后，特别是全员劳动生产率，排在倒数第 3 位；重庆、四川和陕西这 3 个省份在关键环境因素上的得分都较好，在社会生活环境、教育科技环境、经济发展环境、人才服务环境和人文文化环境五个维度的发展都较为均衡。

（7）西部地区创新人才聚集效应的问题突出表现为三个方面：创新人才聚集效应整体不断提升，各省份之间各具特色；环境因素对创新人才聚集效应的影响水平不一；各省份创新人才聚集效应主体的协同作用不佳。分析第一个问题可知，从整体上看，随着时间的推进，2011～2015 年西部地区 10 个省份的创新人才聚集效应都在不断好转，但是 10 个省份的创新人才聚集效应水平存在显著差异，明显出现了好、中、差三个等级。分析第二个问题可知，环境因素对各地区创新人才聚集效应的影响出现阶梯化现象，而且各省份创新人才聚集效应的影响因素表现不均衡。分析第三个问题可知，各省份创新人才聚集效应主体的作用方式没有充分发挥，而且各主体的协同平台尚

161

未完善。

7.2 研究展望

本书在研究过程中虽然基于多种理论、采用多种方法，但是西部地区创新人才聚集问题极为复杂，且囿于时间、精力及研究视角的限制，本书还存有大量的不足之处需要完善。

（1）对创新人才聚集效应的内涵界定及其特征分析，主要采用文献分析法。为了能更有针对性地、更深入地对这一概念进行界定，后期的研究可采用访谈法、案例研究法等来对这一定义进行不断的修正和深化。

（2）在构建西部地区创新人才聚集效应的影响因素指标体系及西部地区创新人才聚集效应水平的评价指标体系时，发放的问卷量不是非常大，可能对数据的处理和统计产生影响，后期的研究应扩大调查范围和调查人数。

（3）西部地区创新人才聚集效应涉及的问题多种多样，本书仅仅是进行了西部地区创新人才聚集效应的评价、影响因素、影响模式及提升对策的相关研究。后期，可以利用不同的逻辑思路来扩充对此问题的研究范围。

表 A-1　西部地区创新人才聚集效应的原始数据（2014 年）

省份	高技术企业个数（个）	科技机构R&D人员数（人）	R&D人员全时当量（人年）	公开讲座/展览活动数（个）	规模以上工业企业R&D项目数（个）	规模以上工业企业新产品开发项目数（个）	高校研究与试验发展机构数（个）	国内外发表科技论文数（篇）	国外主要检索工具收录科技论文数（篇）	有效发明专利数（项）	国家产业化计划项目数（项）	高技术产业当年价总产值（亿元）	创新人才引进数量增长率（%）	人均最终消费支出水平（元）
宁夏(1)	148	26672	12980	43	2102	2123	63	1603	1944	2865	131	449.08	43.2	12235
四川(2)	911	325736	62145	198	11027	13374	107	6771	7887	15893	171	1290.02	38.7	13755
贵州(3)	193	66968	15659	96	1682	1802	55	2026	611	3146	97	362.84	44.6	11362
重庆(4)	460	88616	43797	151	7879	8580	67	3998	4076	6272	106	478.02	46.8	17262
云南(5)	24	6708	5799	78	1136	1049	18	542	152	675	46	183.67	43.4	15193
陕西(6)	435	198975	50753	114	6668	6684	92	5900	9358	6675	180	925.70	37.0	14812
甘肃(7)	117	27545	14380	103	1894	1817	43	3915	3006	1265	112	207.11	44.0	10678
青海(8)	36	5145	2068	49	156	130	12	510	114	246	50	89.79	37.0	13534
西藏(9)	9	1471	130	26	30	16	6	136	7	44	21	12.38	53.5	7205
新疆(10)	34	7076	6688	107	897	1025	44	2463	869	1111	174	297.97	40.8	12435

资料来源:《中国统计年鉴（2015）》。

表 A-2

西部地区创新人才聚集效应的原始数据（2013 年）

省份	高技术企业个数（个）	科技机构R&D人员数（人）	R&D人员全时当量（人年）	公开讲座/展览活动数（个）	规模以上工业企业R&D项目数（个）	规模以上工业企业新产品开发项目数（个）	高校研究与试验发展机构数（个）	国内外发表科技论文数（篇）	国外主要检索工具收录科技论文数（篇）	有效发明专利数（项）	国家产业化计划项目数（项）	高技术产业当年价总产值（亿元）	创新人才引进数量增长率（%）	人均最终消费支出水平（元）
宁夏（1）	136	25576	11811	43	1729	1903	63	1717	1579	2280	103	349.35	42.5	11224
四川（2）	841	278478	58148	197	10298	12681	103	6627	6495	9043	176	1152.81	36.2	12485
贵州（3）	149	67722	16049	94	1717	1908	52	1693	428	1985	88	423.86	47.1	9541
重庆（4）	383	79949	36605	152	5794	6820	67	2984	3566	4792	126	403.65	46.7	15423
云南（5）	19	6634	4817	78	1073	966	16	646	109	387	51	148.18	43.0	13537
陕西（6）	402	195119	45809	114	6099	6491	92	6038	7416	5449	163	641.57	36.0	13206
甘肃（7）	107	25740	12472	103	1731	1629	42	3827	2619	1028	111	179.01	43.3	9616
青海（8）	28	5197	2039	49	145	111	9	553	114	205	39	83.61	36.1	12070
西藏（9）	8	1282	81	26	20	8	6	133	3	32	17	10.20	53.7	6275
新疆（10）	28	6463	6668	106	1078	1103	41	3322	647	695	139	274.17	40.7	11401

资料来源：《中国统计年鉴（2014）》。

附录A 西部地区 2011~2014 年创新人才聚集效应水平的原始数据

表 A-3 西部地区创新人才聚集效应的原始数据（2012 年）

省份	高技术企业个数（个）	科技机构 R&D 人员数（人）	R&D 人员全时当量（人年）	公开讲座/展览活动数（个）	规模以上工业企业 R&D 项目数（个）	规模以上工业企业新产品开发项目数（个）	高校研究与试验发展机构数（个）	国内外发表科技论文数（篇）	国外主要检索工具收录科技论文数（篇）	有效发明专利数（项）	国家产业化计划项目数（项）	高技术产业当年价总产值（亿元）	创新人才引进数量增长率（%）	人均最终消费支出水平（元）
宁夏（1）	123	25135	12321	43	1665	1512	60	1596	1344	1644	114	297.85	41.1	9782
四川（2）	813	275301	50533	188	9868	11656	99	5960	5517	6591	231	1010.29	34.5	11280
贵州（3）	135	62022	12135	93	1649	1978	49	1649	405	1370	75	249.16	47.9	8372
重庆（4）	315	70055	31577	152	5113	5693	66	3681	2688	3714	118	373.68	39.4	13655
云南（5）	19	6200	4196	26	1170	1131	16	323	81	300	63	115.05	42.0	12120
陕西（6）	379	182958	36728	112	5164	6052	91	5733	6584	4752	186	527.01	34.7	11852
甘肃（7）	87	26557	11445	103	1912	1759	42	4158	2440	855	124	143.34	40.2	8524
青海（8）	27	4385	2020	49	147	103	9	597	77	170	42	44.82	33.0	10289
西藏（9）	6	1076	78	77	24	11	6	173	3	71	13	9.12	53.9	5340
新疆（10）	25	6458	6202	105	933	826	39	3142	509	468	100	199.98	36.0	10675

资料来源：《中国统计年鉴（2013）》。

表 A - 4

西部地区创新人才聚集效应的原始数据（2011 年）

省份	高技术企业个数（个）	科技机构R&D人员数（人）	R&D人员全时当量（人年）	公开讲座/展览活动数（个）	规模以上工业企业R&D项目数（个）	规模以上工业企业新产品开发项目数（个）	高校研究与试验发展机构数（个）	国内外发表科技论文数（篇）	国外主要检索工具收录科技论文数（篇）	有效发明专利数（项）	国家产业化计划项目数（项）	高技术产业当年价总产值（亿元）	创新人才引进数量增长率（%）	人均最终消费支出水平（元）
宁夏 (1)	104	12432	10335	43	1514	1485	64	1432	1354	1208	83	236.21	36.2	8278
四川 (2)	727	187625	36839	169	6712	10035	93	5444	4843	5618	219	917.17	33.4	9903
贵州 (3)	119	55830	9564	94	1345	1749	48	1623	306	990	70	223.34	48.8	7389
重庆 (4)	252	39511	27652	152	4524	4612	59	3399	2408	2532	116	329.19	41.6	11832
云南 (5)	14	4640	3967	27	853	887	16	300	55	221	48	99.99	41.0	10937
陕西 (6)	325	165168	30829	112	4210	5035	90	5295	5690	2464	155	440.78	34.8	10053
甘肃 (7)	59	18018	9307	100	1280	1192	42	4084	2192	493	145	111.26	39.1	7493
青海 (8)	26	2708	1833	49	131	94	9	566	90	87	28	34.57	32.3	8744
西藏 (9)	5	998	22	4	16	7	6	315	6	58	14	4.34	53.2	4730
新疆 (10)	23	2464	6723	103	757	731	37	2648	373	325	117	162.49	34.0	8895

资料来源：《中国统计年鉴（2012）》。

附录 B　西部地区创新人才聚集效应影响因素调查问卷

尊敬的先生/女士：

您好！此份调查问卷旨在了解哪些因素影响西部地区创新人才聚集效应，请您认真如实地填写本问卷的每一个问题，在合适的答案□内打√。本问卷采取不记名方式并由专人处理，回答的内容均保密，仅作学术研究之用。感谢您的合作与支持！

2017 年 3 月

A：背景因素：请您根据自己的实际情况在□内打√。

1. 您的性别：□男□女

2. 您的年龄：□20～29 岁□30～39 岁□40～49 岁□≥50 岁

3. 您的文化程度：□大专及以下□本科□硕士□博士（博士后）

4. 您所在的行业：□政府机关□制造业□交通运输□信息传输□文化、体育或娱乐业□金融□医药卫生□能源化工□其他

B：西部地区创新人才聚集效应的影响因素：请根据您真实的想法填答下列内容。

初始影响因素	引发程度 （程度很低——程度很高）				
1. 您认为区域人口能引发西部地区创新人才聚集效应吗？	1	2	3	4	5
您的理由：					
2. 您认为区域空气质量能引发西部地区创新人才聚集效应吗？	1	2	3	4	5
您的理由：					
3. 您认为区域公共绿地水平能引发西部地区创新人才聚集效应吗？	1	2	3	4	5
您的理由：					
4. 您认为区域交通运输条件能引发西部地区创新人才聚集效应吗？	1	2	3	4	5
您的理由：					
5. 您认为区域居住条件能引发西部地区创新人才聚集效应吗？	1	2	3	4	5
您的理由：					
6. 您认为区域环境卫生条件能引发西部地区创新人才聚集效应吗？	1	2	3	4	5
您的理由：					

初始影响因素	引发程度（程度很低——程度很高）				
7. 您认为区域社会保障条件能引发西部地区创新人才聚集效应吗？	1	2	3	4	5
您的理由：					
8. 您认为区域医疗水平能引发西部地区创新人才聚集效应吗？	1	2	3	4	5
您的理由：					
9. 您认为区域安全条件能引发西部地区创新人才聚集效应吗？	1	2	3	4	5
您的理由：					
10. 您认为区域地理位置能引发西部地区创新人才聚集效应吗？	1	2	3	4	5
您的理由：					
11. 您认为区域自然资源条件能引发西部地区创新人才聚集效应吗？	1	2	3	4	5
您的理由：					
12. 您认为普通高等学校数能引发西部地区创新人才聚集效应吗？	1	2	3	4	5
您的理由：					
13. 您认为普通高等学校专任教师数能引发西部地区创新人才聚集效应吗？	1	2	3	4	5
您的理由：					
14. 您认为教育支出占 GDP 比重能引发西部地区创新人才聚集效应吗？	1	2	3	4	5
您的理由：					
15. 您认为教育普及程度能引发西部地区创新人才聚集效应吗？	1	2	3	4	5
您的理由：					
16. 您认为教育政策完备性能引发西部地区创新人才聚集效应吗？	1	2	3	4	5
您的理由：					
17. 您认为教育方向的正确性能引发西部地区创新人才聚集效应吗？	1	2	3	4	5
您的理由：					
18. 您认为规模以上工业企业 R&D 经费占 GDP 比重能引发西部地区创新人才聚集效应吗？	1	2	3	4	5
您的理由：					
19. 您认为科学研究与开发机构数能引发西部地区创新人才聚集效应吗？	1	2	3	4	5
您的理由：					
20. 您认为技术市场成交额能引发西部地区创新人才聚集效应吗？	1	2	3	4	5
您的理由：					
21. 您认为科研设施的完备性能引发西部地区创新人才聚集效应吗？	1	2	3	4	5
您的理由：					
22. 您认为在职培训人数的充足性能引发西部地区创新人才聚集效应吗？	1	2	3	4	5
您的理由：					
23. 您认为科研政策的创新性能引发西部地区创新人才聚集效应吗？	1	2	3	4	5
您的理由：					

续表

初始影响因素	引发程度 （程度很低——程度很高）				
24. 您认为区域居民人均可支配收入能引发西部地区创新人才聚集效应吗？	1	2	3	4	5
您的理由：					
25. 您认为区域第三产业机构数能引发西部地区创新人才聚集效应吗？	1	2	3	4	5
您的理由：					
26. 您认为区域第三产业增加值能引发西部地区创新人才聚集效应吗？	1	2	3	4	5
您的理由：					
27. 您认为区域第三产业就业人员数能引发西部地区创新人才聚集效应吗？	1	2	3	4	5
您的理由：					
28. 您认为区域城镇登记失业率能引发西部地区创新人才聚集效应吗？	1	2	3	4	5
您的理由：					
29. 您认为区域全员劳动生产率能引发西部地区创新人才聚集效应吗？	1	2	3	4	5
您的理由：					
30. 您认为区域产业发展前景能引发西部地区创新人才聚集效应吗？	1	2	3	4	5
您的理由：					
31. 您认为区域产业发展需求能引发西部地区创新人才聚集效应吗？	1	2	3	4	5
您的理由：					
32. 您认为区域产业发展格局能引发西部地区创新人才聚集效应吗？	1	2	3	4	5
您的理由：					
33. 您认为区域人才管理政策的完备性能引发西部地区创新人才聚集效应吗？	1	2	3	4	5
您的理由：					
34. 您认为区域人才市场体系的健全性能引发西部地区创新人才聚集效应吗？	1	2	3	4	5
您的理由：					
35. 您认为区域人才市场服务水平能引发西部地区创新人才聚集效应吗？	1	2	3	4	5
您的理由：					
36. 您认为区域人才的领导管理水平能引发西部地区创新人才聚集效应吗？	1	2	3	4	5
您的理由：					
37. 您认为区域人均文教娱乐服务消费支出能引发西部地区创新人才聚集效应吗？	1	2	3	4	5
您的理由：					
38. 您认为区域群众文化服务业机构数能引发西部地区创新人才聚集效应吗？	1	2	3	4	5
您的理由：					
39. 您认为区域文化及相关产业从业人员数能引发西部地区创新人才聚集效应吗？	1	2	3	4	5
您的理由：					

初始影响因素	引发程度 （程度很低——程度很高）				
40. 您认为区域等级运动员发展数能引发西部地区创新人才聚集效应吗？	1	2	3	4	5
您的理由：					
41. 您认为区域集体认知水平能引发西部地区创新人才聚集效应吗？	1	2	3	4	5
您的理由：					
42. 您认为区域和谐水平能引发西部地区创新人才聚集效应吗？	1	2	3	4	5
您的理由：					
43. 您认为区域创造力水平能引发西部地区创新人才聚集效应吗？	1	2	3	4	5
您的理由：					
44. 您认为区域价值观能引发西部地区创新人才聚集效应吗？	1	2	3	4	5
您的理由：					

您认为还有什么因素会引发西部地区创新人才的聚集：

调查问卷到此结束，感谢您的配合与支持！

附录 C   44 个初始影响因素的例数及各等级程度的 Ridit 值

表 C   44 个初始影响因素的例数及各等级程度的 Ridit 值

初始因素	引发程度	各组例数	R 值	初始因素	引发程度	各组例数	R 值
因素 1	1	22	0.0939	因素 8	1	26	0.1117
	2	62	0.4068		2	119	0.7558
	3	107	0.6827		3	55	0.3411
	4	10	0.0338		4	2	0.0025
	5	2	0.0025		5	1	0.0006
因素 2	1	1	0.0006	因素 9	1	2	0.0025
	2	1	0.0006		2	4	0.0078
	3	23	0.0987		3	17	0.0616
	4	108	0.6884		4	56	0.3500
	5	70	0.4790		5	124	0.7981
因素 3	1	1	0.0006	因素 10	1	51	0.2960
	2	2	0.0025		2	62	0.4068
	3	20	0.0788		3	47	0.2484
	4	26	0.1117		4	33	0.1430
	5	154	0.9959		5	10	0.0338
因素 4	1	75	0.4964	因素 11	1	10	0.0338
	2	62	0.4068		2	20	0.0788
	3	45	0.2325		3	79	0.5046
	4	15	0.0520		4	87	0.5558
	5	6	0.0135		5	7	0.0174
因素 5	1	3	0.0051	因素 12	1	1	0.0006
	2	5	0.0108		2	8	0.0224
	3	19	0.0725		3	25	0.1083
	4	59	0.3778		4	31	0.1319
	5	117	0.7368		5	138	0.9346
因素 6	1	10	0.0338	因素 13	1	82	0.5241
	2	134	0.8983		2	57	0.3591
	3	36	0.1597		3	44	0.2205
	4	21	0.0870		4	18	0.0685
	5	2	0.0025		5	2	0.0025
因素 7	1	40	0.1809	因素 14	1	1	0.0006
	2	106	0.6770		2	10	0.0338
	3	30	0.1278		3	27	0.1189
	4	20	0.0788		4	41	0.1863
	5	7	0.0174		5	124	0.7981

初始因素	引发程度	各组例数	R 值	初始因素	引发程度	各组例数	R 值
因素 15	1	3	0.0051	因素 23	1	2	0.0025
	2	7	0.0174		2	7	0.0174
	3	14	0.0488		3	11	0.0411
	4	56	0.3500		4	65	0.4375
	5	123	0.7816		5	118	0.7431
因素 16	1	1	0.0006	因素 24	1	3	0.0051
	2	9	0.0262		2	4	0.0078
	3	27	0.1189		3	7	0.0174
	4	34	0.1475		4	68	0.4623
	5	132	0.8733		5	121	0.7750
因素 17	1	2	0.0025	因素 25	1	3	0.0051
	2	5	0.0108		2	7	0.0174
	3	16	0.0553		3	19	0.0725
	4	70	0.4790		4	43	0.2089
	5	110	0.6943		5	131	0.8557
因素 18	1	2	0.0025	因素 26	1	3	0.0051
	2	7	0.0174		2	13	0.0460
	3	25	0.1083		3	27	0.1189
	4	50	0.2770		4	33	0.1430
	5	119	0.7558		5	127	0.8349
因素 19	1	3	0.0051	因素 27	1	5	0.0108
	2	6	0.0135		2	8	0.0224
	3	27	0.1189		3	21	0.0870
	4	116	0.7275		4	45	0.2325
	5	51	0.2960		5	124	0.7981
因素 20	1	22	0.0939	因素 28	1	4	0.0078
	2	44	0.2205		2	9	0.0262
	3	60	0.3905		3	13	0.0460
	4	50	0.2770		4	35	0.1530
	5	27	0.1189		5	142	0.9643
因素 21	1	88	0.5629	因素 29	1	5	0.0108
	2	54	0.3324		2	6	0.0135
	3	45	0.2325		3	17	0.0616
	4	11	0.0411		4	37	0.1655
	5	5	0.0108		5	138	0.9346
因素 22	1	63	0.4169	因素 30	1	4	0.0078
	2	74	0.4904		2	10	0.0338
	3	60	0.3905		3	22	0.0939
	4	4	0.0078		4	38	0.1716
	5	2	0.0025		5	129	0.8417

初始因素	引发程度	各组例数	R 值	初始因素	引发程度	各组例数	R 值
因素 31	1	27	0.1189	因素 38	1	21	0.0870
	2	52	0.3110		2	45	0.2325
	3	93	0.5874		3	86	0.5466
	4	21	0.0870		4	46	0.2434
	5	10	0.0338		5	5	0.0108
因素 32	1	65	0.4375	因素 39	1	2	0.0025
	2	84	0.5352		2	9	0.0262
	3	34	0.1475		3	18	0.0685
	4	15	0.0520		4	55	0.3411
	5	5	0.0108		5	119	0.7558
因素 33	1	51	0.2960	因素 40	1	32	0.1378
	2	93	0.5874		2	65	0.4375
	3	45	0.2325		3	74	0.4904
	4	10	0.0338		4	24	0.1037
	5	4	0.0078		5	8	0.0224
因素 34	1	59	0.3778	因素 41	1	105	0.6713
	2	98	0.6334		2	54	0.3324
	3	39	0.1777		3	35	0.1530
	4	5	0.0108		4	8	0.0224
	5	2	0.0025		5	1	0.0006
因素 35	1	4	0.0078	因素 42	1	104	0.6657
	2	10	0.0338		2	59	0.3778
	3	21	0.0870		3	28	0.1254
	4	30	0.1278		4	10	0.0338
	5	138	0.9346		5	2	0.0025
因素 36	1	1	0.0006	因素 43	1	37	0.1655
	2	8	0.0224		2	99	0.6439
	3	21	0.0870		3	47	0.2484
	4	42	0.1952		4	15	0.0520
	5	131	0.8557		5	5	0.0108
因素 37	1	51	0.2960	因素 44	1	87	0.5558
	2	97	0.6203		2	53	0.3209
	3	48	0.2573		3	49	0.2664
	4	5	0.0108		4	10	0.0338
	5	2	0.0025		5	4	0.0078

附录 D　西部地区 2011～2015 年创新人才聚集效应影响因素的原始数据

表 D-1　西部地区创新人才聚集效应影响因素的原始数据（2011 年）

省份	普查总人口（万人）(x1a)	空气质量指数（万吨）(x1b)	人均公园绿地面积（平方米/元）(x1c)	每万人拥有公共交通车辆（标台）(x1d)	住宅商品房平均销售价格（元/平方米）(x1e)	每万人拥有公共厕所（座）(x1f)	养老保险、失业保险、医疗保险参保人数（万人）(x1g)	每万人卫生医疗机构床位数（张）(x1h)	社会治安、交通等事故损失（万元）(x1i)	人均水资源量（立方米/人）(x1j)	普通高等学校数（所）(x2a)	普通高等学校专任教师数（万人）(x2b)	教育支出占GDP比重（%）(x2c)	教育普及程度（人）(x2d)	规模以上工业企业R&D经费占GDP比重（%）(x2e)
宁夏（1）	2919	1170521.84	10.26	8.80	3635.38	1.76	1817.0	34.72	3472.73	1773.30	59	2.95	3	1520	0.34
四川（2）	8050	1962762.40	10.73	12.60	4917.88	2.82	4498.3	36.95	13463.48	2782.85	93	6.74	4	1904	0.50
贵州（3）	3469	1960936.36	7.26	8.70	3888.78	2.05	1236.2	27.73	5180.54	1802.11	48	2.19	5	1254	0.48
重庆（4）	4631	1621984.84	17.87	10.06	4733.84	2.19	2459.9	38.01	6880.92	3206.53	64	3.31	5	2522	0.94
云南（5）	4596	1084020.75	16.03	11.24	3732.19	3.23	368.4	39.60	1297.35	137.69	16	0.62	4	1912	0.57
陕西（6）	3743	2212018.29	11.41	15.59	4949.20	3.52	2268.8	39.36	9316.21	1616.56	90	5.92	3.7	3378	7.77
甘肃（7）	2564	1340948.08	8.32	9.76	3318.24	2.34	1181.0	34.78	4829.97	945.37	42	2.21	5	2041	0.51
青海（8）	568	419053.58	9.65	16.94	3248.08	4.65	316.4	41.46	1110.07	12956.77	9	0.37	5	1082	0.49
西藏（9）	303	54833.66	10.73	9.02	3474.51	3.38	138.3	31.73	5494.91	145779.84	6	0.23	10	1446	0.03
新疆（10）	2209	2050056.92	9.48	13.46	3548.79	3.26	1785.1	56.93	33394.12	4031.34	37	1.73	4	1521	0.34

续表

省份	科学研究与开发机构数（个）(x2f)	技术市场成交额（亿元）(x2g)	科研设施的完备性 (x2h)	在职培训人数（人）(x2i)	科研政策的创新性 (x2j)	居民人均可支配收入（元）(x3a)	第三产业机构数（个）(x3b)	第三产业增加值（亿元）(x3c)	第三产业就业人员数（人）(x3d)	城镇登记失业率（%）(x3e)	全员劳动生产率（元/人）(x3f)	人才管理政策的完备性 (x4a)	人才市场体系的健全性 (x4b)	人才市场服务的水平 (x4c)	人才的领导管理水平 (x4d)
宁夏 (1)	35	11.71	0.8	21171	0.6	13250.2	149740	3623.81	2417349	4.1	8.55	1.3	1.2	1.0	0.5
四川 (2)	93	67.83	2.7	203664	3.9	12633.4	275697	7014.04	5509485	4.2	15.46	2.0	2.5	1.1	3.5
贵州 (3)	53	13.65	0.7	59161	0.7	11758.8	91544	2781.29	2110310	3.6	7.59	1.0	0.8	1.2	0.6
重庆 (4)	82	68.15	2.0	27404	1.8	14367.6	149743	3701.79	3035037	3.5	13.91	1.4	1.1	1.0	2.3
云南 (5)	11	3.9	0.3	29471	0.3	12931.5	30801	861.92	571283	4.4	13.42	0.3	0.2	1.1	0.1
陕西 (6)	114	215.37	2.2	68385	1.9	12857.9	178409	4355.81	3443901	3.6	14.88	1.9	2.4	0.9	2.3
甘肃 (7)	18	52.64	0.7	31582	0.5	10969.4	91216	1963.79	1925460	3.1	9.65	0.9	0.8	0.9	0.4
青海 (8)	1	16.84	0.1	2635	0	11640.4	23900	540.18	470164	3.8	13.40	0.2	0.2	1.1	0.1
西藏 (9)	1	—	0	1036	0	12481.5	15428	322.57	202943	3.2	2.07	0.1	0.1	0.9	0
新疆 (10)	3	4.38	0.5	45973	0.3	11432.1	83684	2245.12	2481727	3.2	9.66	0.8	0.7	0.8	0.3

省份	人均文教娱乐服务消费支出（元）(x5a)	群众文化服务业机构数（个）(x5b)	文化及相关产业从业人员数（人）(x5c)	等级运动员发展数（人）(x5d)	集体认知水平 (x5e)	人才市场和谐水平 (x5f)	创造力水平 (x5g)
宁夏 (1)	733	161	34400	1351	0.8	3.7	1.1
四川 (2)	947	370	44100	2179	3.2	4.2	2.5
贵州 (3)	934.7	45	19500	437	1.2	3.2	0.8
重庆 (4)	1267	282	26100	622	0.7	3.8	1.2
云南 (5)	1043.7	37	7300	394	0.2	4.2	0.2
陕西 (6)	1281.6	115	49300	466	1.7	3.7	2.4
甘肃 (7)	936.3	84	24700	343	1.0	4.0	0.8
青海 (8)	880.9	38	7200	182	0.3	4.3	0.2
西藏 (9)	419.6	47	6500	90	0.3	3.3	0.1
新疆 (10)	812.4	133	32200	267	0.7	3.7	0.7

资料来源：《中国统计年鉴（2012）》。

表 D-2

西部地区创新人才聚集效应影响因素的原始数据（2012年）

省份	普查总人口（万人）(x1a)	空气质量指数（万吨）(x1b)	人均公园绿地面积（平方米/元）(x1c)	每万人拥有公共交通车辆（标台）(x1d)	住宅商品房平均销售价格（元/平方米）(x1e)	每万人拥有公共厕所（座）(x1f)	养老保险、失业保险、医疗保险参保人数（万人）(x1g)	每万人卫生医疗机构床位数（张）(x1h)	社会治安、交通事故损失（万元）(x1i)	人均水资源量（立方米/人）(x1j)	普通高等学校数（所）(x2a)	普通高等学校专任教师数（万人）(x2b)	教育支出占GDP比重（%）(x2c)	教育普及程度（人）(x2d)	规模以上工业企业R&D经费占GDP比重（%）(x2e)
宁夏(1)	647	1607208	10.43	10.25	4209.19	2.79	2701.9	41.78	8686.4	3637.91	66	3.13	6	1566	0.37
四川(2)	8076	1819281	10.79	13.34	5448.82	2.89	5840.2	48.31	13947.6	3587.16	99	7.31	4	2037	0.6
贵州(3)	3484	1899122	9.38	8.80	4115.67	2.09	1921.3	39.96	5314.0	2801.82	49	2.28	6	1392	0.46
重庆(4)	2945	1129713	18.13	9.00	5079.93	1.78	3366.1	44.42	5500.6	1626.50	60	3.57	4	2734	1.03
云南(5)	4659	1060375	15.71	12.46	3947.88	2.30	545.3	42.90	1033.4	168.03	16	0.66	5	2107	0.61
陕西(6)	3753	2113935	11.58	15.58	5155.88	3.48	3288.7	45.09	10823.3	1041.91	91	6.15	4	3525	0.83
甘肃(7)	2578	1253438	9.52	10.04	3570.15	2.36	1799.2	43.56	3164.6	1038.36	42	2.32	6	2145	0.6
青海(8)	573	436305	9.81	16.60	4048.54	4.32	450.8	45.39	1303.9	15687.17	9	0.37	7	1133	0.44
西藏(9)	308	55087.06	9.40	8.59	3268.62	0.77	184.6	27.15	1346.7	137378.05	6	0.24	10	1508	0.08
新疆(10)	2233	2311732	10.00	13.91	3918.40	3.22	2036.5	58.91	3370.0	4055.51	39	1.76	5	1596	0.36

省份	科学研究与开发机构数（个）(x2f)	技术市场成交额（亿元）(x2g)	科研设施的完备性(x2h)	在职培训人数（人）(x2i)	科研政策的创新性(x2j)	居民人均可支配收入（元）(x3a)	第三产业机构数（个）(x3b)	第三产业增加值（亿元）(x3c)	第三产业就业人员数（人）(x3d)	城镇登记失业率（%）(x3e)	全员劳动生产率（元/人）(x3f)	人才管理政策的完备性(x4a)	人才市场服务体系的健全性(x4b)	人才市场服务水平的完备性(x4c)	人才的领导管理水平(x4d)
宁夏(1)	56	45.48	0.5	47049	0.7	14423.9	160897	4235.72	3120397	4.0	8.79	1.4	1.1	1.0	0.5
四川(2)	235	111.24	3.8	160662	3.0	13839.4	302400	8242.31	5643794	4.0	16.46	2.1	2.6	1.1	3.5
贵州(3)	69	9.67	0.6	55838	0.7	12862.5	98388	3282.75	2187012	3.3	8.23	1.0	0.8	1.1	0.6
重庆(4)	113	54.02	1.9	30298	1.9	15748.7	181851	4494.41	2487504	3.3	14.10	1.3	1.2	1.0	2.1

续表

省份	科学研究与开发机构数（个）(x2f)	技术市场成交额（亿元）(x2g)	科研设施的完备性 (x2h)	在职培训人数（人）(x2i)	科研政策的创新性 (x2j)	居民人均可支配收入（元）(x3a)	第三产业机构数（个）(x3b)	第三产业增加值（亿元）(x3c)	第三产业就业人员数（人）(x3d)	城镇登记失业率（%）(x3e)	全员劳动生产率（元/人）(x3f)	人才管理政策的完备性 (x4a)	人才市场体系的健全性 (x4b)	人才市场服务的水平 (x4c)	人才的领导管理水平 (x4d)
云南 (5)	15	2.91	0.4	21497	0.3	14024.7	33250	982.52	581039	4.2	13.03	0.3	0.2	1.1	0.1
陕西 (6)	185	334.82	2.0	52017	2.2	14128.8	193674	5009.65	3523852	3.2	16.65	1.9	2.4	0.8	2.3
甘肃 (7)	39	73.06	0.6	46649	0.7	11929.8	97644	2269.61	1929821	2.7	9.80	0.9	0.8	0.9	0.4
青海 (8)	3	19.30	0	5687	0.1	12691.9	25467	624.29	506254	3.4	14.52	0.2	0.2	1.1	0
西藏 (9)	4	—	0	4819	0	13544.4	15553	377.80	211124	2.6	2.20	0.1	0.1	0.9	0
新疆 (10)	5	5.39	0.3	29485	0.4	12257.5	88826	2703.18	2494187	3.4	9.87	0.8	0.7	0.8	0.4

省份	人均文教娱乐服务消费支出（元）(x5a)	群众文化服务业机构数（个）(x5b)	文化及相关产业从业人员数（人）(x5c)	等级运动员发展数（人）(x5d)	集体认知水平 (x5e)	和谐水平 (x5f)	创造力水平 (x5g)
宁夏 (1)	1075.9	16	7200	487	0.2	4.3	0.2
四川 (2)	1150.7	469	45000	2030	3.1	4.3	2.6
贵州 (3)	1146.4	79	16400	1125	1.2	3.6	0.8
重庆 (4)	798.7	220	33600	1304	0.8	3.8	1.1
云南 (5)	1351.9	244	26400	514	0.7	3.8	1.2
陕西 (6)	1430.2	116	50100	500	1.7	3.8	2.4
甘肃 (7)	1025.5	103	25700	841	1.0	4.1	0.8
青海 (8)	889.3	40	7800	141	0.3	4.3	0.2
西藏 (9)	465.8	92	6000	50	0.3	3.4	0.1
新疆 (10)	855.5	137	29500	727	0.7	3.8	0.7

资料来源：《中国统计年鉴（2013）》。

表 D－3

西部地区创新人才聚集效应影响因素的原始数据（2013 年）

省份	普查总人口（万人）(x1a)	空气质量指数（万吨）(x1b)	人均公园绿地面积（平方米/人）(x1c)	每万人拥有公共交通车辆（标台）(x1d)	住宅商品房平均销售价格（元/平方米）(x1e)	每万人拥有公共厕所（座）(x1f)	养老保险、失业保险、医疗保险参保人数（万人）(x1g)	每万人卫生医疗机构床位数（张）(x1h)	社会治安、交通等事故损失（万元）(x1i)	人均水资源量（立方米/人）(x1j)	普通高等学校数（所）(x2a)	普通高等学校专任教师数（万人）(x2b)	教育支出占GDP比重（%）(x2c)	教育普及程度（人）(x2d)	规模以上工业企业R&D经费占GDP比重（%）(x2e)
宁夏 (1)	4687	1573659	10.56	11.61	4494	3.14	3574.7	44.84	9415.5	3652.24	67	3.44	6	1662	0.38
四川 (2)	8107	1737025	11.21	14.59	5498	2.90	7413.1	52.63	17108.3	3052.88	103	7.68	4	2140	0.64
贵州 (3)	3502	1845017	11.41	9.60	4295	2.06	2391.9	47.61	6044.1	2174.15	52	2.54	6	1535	0.42
重庆 (4)	2970	1100933	18.04	11.57	5569	1.85	5390.4	49.64	15268.6	1603.87	63	3.71	4	2894	1.09
云南 (5)	654	1057772	17.51	13.19	4232	2.54	943.8	47.59	2137.7	175.25	16	0.71	5	2195	0.65
陕西 (6)	3764	2102789	11.77	16.27	5280	3.81	3806.9	49.19	12050.4	941.26	92	6.42	4	3612	0.86
甘肃 (7)	2582	1231480	11.76	10.36	3886	2.41	2234.1	44.95	4100.1	1042.33	42	2.44	6	2193	0.63
青海 (8)	578	462712.1	9.66	14.47	4163	3.98	502.3	51.11	1571.2	11216.59	9	0.38	7	1162	0.42
西藏 (9)	312	55270.01	9.04	7.70	4174	4.62	208.1	35.26	1489.0	142530.58	6	0.25	10	1528	0.06
新疆 (10)	2264	2472267	10.08	14.35	4628	3.16	2125.0	60.65	4360.2	4251.88	41	1.83	5	1681	0.37

省份	科学研究与开发机构数（个）(x2f)	技术市场成交额（亿元）(x2g)	科研设施的完备性 (x2h)	在职培训人数（人）(x2i)	科研政策的创新性 (x2j)	居民人均可支配收入（元）(x3a)	第三产业企业数（个）(x3b)	第三产业增加值（亿元）(x3c)	第三产业就业人员数（人）(x3d)	城镇登记失业率（%）(x3e)	全员劳动生产率（元/人）(x3f)	人才管理政策的完备性 (x4a)	人才市场服务体系的健全性 (x4b)	人才市场服务的水平 (x4c)	人才的领导管理水平 (x4d)
宁夏 (1)	49	42.00	0.6	33422	0.6	16064.5	157709	5023.30	3227731	4.0	8.79	1.4	1.1	1.1	0.5
四川 (2)	178	148.58	3.0	124380	3.8	15461.2	305294	9551.36	5705848	4.1	13.64	2.1	2.6	1.1	3.4
贵州 (3)	52	18.40	0.8	47922	0.6	14142.7	114167	3812.15	2243269	3.3	9.05	1.1	0.8	1.1	0.7
重庆 (4)	116	90.28	1.9	40158	2.0	17532.4	201169	5968.29	2663578	3.4	11.52	1.3	1.2	1.1	2.0

续表

省份	科学研究与开发机构数（个）(x2f)	技术市场成交额（亿元）(x2g)	科研设施的完备性(x2h)	在职培训人数（人）(x2i)	科研政策的创新性(x2j)	居民人均可支配收入（元）(x3a)	第三产业机构数（个）(x3b)	第三产业增加值（亿元）(x3c)	第三产业就业人员数（人）(x3d)	城镇登记失业率(%)(x3e)	全员劳动生产率（元/人）(x3f)	人才管理政策的完备性(x4a)	人才市场体系的健全性(x4b)	人才市场服务的水平(x4c)	人才的领导管理水平(x4d)
云南 (5)	11	1.43	0.2	18257	0.3	15344.5	35789	1107.17	593142	4.1	12.93	0.3	0.2	1.1	0.1
陕西 (6)	151	533.28	2.4	42800	1.9	15695.2	200377	5832.14	3648056	3.3	14.86	1.9	2.3	0.9	2.4
甘肃 (7)	24	99.99	0.6	39232	0.5	13188.6	111712	2740.65	1942926	2.3	8.40	0.9	0.8	0.8	0.5
青海 (8)	3	26.83	0.1	5777	0	13855.0	28861	766.06	526042	3.3	14.22	0.2	0.2	1.1	0
西藏 (9)	4	—	0	4412	0	14980.5	17859	438.07	222116	2.5	1.97	0.1	0.1	1.0	0
新疆 (10)	8	3.00	0.3	30999	0.3	13643.8	116080	3434.13	2549566	3.4	9.45	0.8	0.7	0.8	0.3

省份	人均文教娱乐服务消费支出（元）(x5a)	群众文化服务业机构数（个）(x5b)	文化及相关产业从业人员数（人）(x5c)	等级运动员发展数（人）(x5d)	集体认知水平(x5e)	和谐水平(x5f)	创造力水平(x5g)
宁夏 (1)	1014.4	443	41766	1811	0.7	4	1.2
四川 (2)	1224.7	510	34334	1950	3.2	4.3	2.6
贵州 (3)	1254.6	106	13085	301	1.1	3.6	0.8
重庆 (4)	1408.0	259	26205	1379	0.8	3.8	1.1
云南 (5)	1286.2	33	3205	499	0.2	4.5	0.2
陕西 (6)	1595.8	119	28590	685	1.7	3.8	2.3
甘肃 (7)	1136.7	124	6208	924	1.0	4.2	0.8
青海 (8)	908.1	37	1681	41	0.3	4.3	0.2
西藏 (9)	478.0	79	280	98	0.3	3.5	0.1
新疆 (10)	1012.4	123	8138	1097	0.7	3.8	0.7

资料来源：《中国统计年鉴（2014）》。

表 D－4　西部地区创新人才聚集效应影响因素的原始数据（2014 年）

省份	普查总人口（万人）(x1a)	空气质量指数（万吨）(x1b)	人均公园绿地面积（平方米/人）(x1c)	每万人拥有公共交通车辆（标台）(x1d)	住宅商品房平均销售价格（元/平方米）(x1e)	每万人拥有公共厕所（座）(x1f)	养老保险、失业保险、医疗保险参保人数（万人）(x1g)	每万人卫生医疗机构床位数（张）(x1h)	社会治安、交通等事故损失（万元）(x1i)	人均水资源量（立方米/人）(x1j)	普通高等学校数（所）(x2a)	普通高等学校专任教师数（万人）(x2b)	教育支出占GDP比重（%）(x2c)	教育普及程度（人）(x2d)	规模以上工业企业R&D经费占GDP比重（%）(x2e)
宁夏 (1)	4333	1020259	17.91	13.17	4117	2.51	960.1	49.10	1093.7	152.98	18	0.78	6	2255	0.68
四川 (2)	8140	1810470	11.26	14.22	5597	2.17	7821.3	56.46	17513.4	3148.47	107	8.14	5	2244	0.69
贵州 (3)	3508	1794714	12.50	10.61	4312	2.17	2681.8	51.94	7907.9	3461.12	55	2.81	7	1690	0.44
重庆 (4)	2991	1502382	11.00	12.36	4998	2.87	3888.3	47.71	10826.7	3673.28	67	3.54	7	1731	0.40
云南 (5)	2991	1108093	16.97	11.18	5519	2.29	5520.5	53.69	5876.7	2155.94	63	3.89	5	3017	1.17
陕西 (6)	3775	2195848	12.48	15.85	5166	4.30	3973.9	52.81	13070.2	932.84	92	6.50	5	3652	0.91
甘肃 (7)	2591	1339859	12.79	9.67	4544	2.50	2312.8	47.25	6686.6	766.99	43	2.53	7	2219	0.68
青海 (8)	583	528660.9	10.78	14.40	5081	4.04	526.2	56.62	6929.2	13675.45	12	0.39	7	1220	0.40
西藏 (9)	318	66483.27	10.80	8.43	5774	4.51	220.3	37.51	1039.0	140200.00	6	0.26	13	1676	0.03
新疆 (10)	2298	2529690	10.74	15.547	4628	3.36	2180.9	62.21	6406.8	3186.91	44	1.91	6	1749	0.39

省份	科学研究与开发机构数（个）(x2f)	技术市场成交额（亿元）(x2g)	科研设施的完备性(x2h)	在职培训人数（人）(x2i)	科研政策的创新性(x2j)	居民人均可支配收入（元）(x3a)	第三产业机构数（个）(x3b)	第三产业增加值（亿元）(x3c)	第三产业就业人员数（人）(x3d)	城镇登记失业率（%）(x3e)	全员劳动生产率（元/人）(x3f)	人才管理政策的完备性(x4a)	人才市场体系的健全性(x4b)	人才市场服务的水平(x4c)	人才的领导管理水平(x4d)
宁夏 (1)	51	47.92	0.6	23471	0.6	18575.6	207876	5542.70	3500665	4.0	9.29	1.3	1.1	1.1	0.5
四川 (2)	211	199.05	2.9	126082	3.7	17899.1	353117	11043.20	6140225	4.2	14.65	2.1	2.6	1.1	3.4
贵州 (3)	55	20.04	0.7	30785	0.5	16495.0	138414	4128.50	2410482	3.3	10.31	1.1	0.9	1.1	0.8
重庆 (4)	141	156.20	2.0	41793	2.3	20249.7	257403	6672.51	3372005	3.5	12.49	1.2	1.2	1.1	2.1

附录 D　西部地区 2011～2015 年创新人才聚集效应影响因素的原始数据

省份	科学研究与开发机构数（个）(x2f)	技术市场成交额（亿元）(x2g)	科研设施的完备性(x2h)	在职培训人数（人）(x2i)	科研政策的创新性(x2j)	居民人均可支配收入（元）(x3a)	第三产业机构数（个）(x3b)	第三产业增加值（亿元）(x3c)	第三产业就业人员数（人）(x3d)	城镇登记失业率（%）(x3e)	全员劳动生产率（元/人）(x3f)	人才管理政策的完备性(x4a)	人才市场体系的健全性(x4b)	人才市场服务的水平(x4c)	人才的领导管理力水平(x4d)
云南 (5)	9	3.18	0.3	6030	0.3	17578.9	39976	1193.87	608547	4.0	13.29	0.4	0.2	1.1	0.1
陕西 (6)	155	640.02	2.4	36532	1.8	18245.2	237044	6547.76	3936961	3.3	15.48	1.8	2.3	0.9	2.1
甘肃 (7)	27	114.52	0.7	36983	0.5	14988.7	128036	3009.61	1992932	2.2	8.55	0.8	0.8	0.8	0.5
青海 (8)	2	29.10	0.1	710	0	15603.3	35818	853.08	605907	3.2	15.10	0.2	0.1	1.1	0.1
西藏 (9)	2	—	0	660	0	16195.6	21882	492.35	233163	2.5	2.03	0.1	0.1	0.9	0
新疆 (10)	16	2.82	0.3	18718	0.3	15513.6	142535	3785.90	2793842	3.2	10.04	0.9	0.6	0.8	0.4

省份	人均文教娱乐服务消费支出（元）(x5a)	群众文化服务业机构数（个）(x5b)	文化及相关产业从业人员数（人）(x5c)	等级运动员发展数（人）(x5d)	集体认知水平(x5e)	和谐水平(x5f)	创造力水平(x5g)
宁夏 (1)	1350.7	512	57824	1098	0.8	3.9	1.1
四川 (2)	1369.5	492	51359	2175	3.2	4.4	2.6
贵州 (3)	1331.4	105	17321	279	1.1	3.8	0.9
重庆 (4)	1474.9	284	31320	1470	0.7	4.2	1.2
云南 (5)	1441.2	31	4095	440	0.2	4.4	0.2
陕西 (6)	1857.6	143	36865	753	1.7	4.2	2.3
甘肃 (7)	1158.3	190	9149	590	1.0	4.2	0.8
青海 (8)	967.9	64	2407	155	0.3	4.3	0.1
西藏 (9)	514.4	88	623	4	0.3	3.6	0.1
新疆 (10)	1122.2	122	13111	1122	0.7	3.8	0.6

资料来源：《中国统计年鉴（2015）》。

表 D—5　西部地区创新人才聚集效应影响因素的原始数据（2015 年）

省份	普查总人口（万人）(x1a)	空气质量指数（万吨）(x1b)	人均公园绿地面积（平方米/元）(x1c)	每万人拥有公共交通车辆（标台）(x1d)	住宅商品房平均销售价格（元/平方米）(x1e)	每万人拥有公共厕所（座）(x1f)	养老保险、失业保险、医疗保险参保人数（万人）(x1g)	每万人卫生医疗机构床位数（张）(x1h)	社会治安、交通等事故损失（万元）(x1i)	人均水资源量（立方米/人）(x1j)	普通高等学校数（所）(x2a)	普通高等学校专任教师数（万人）(x2b)	教育支出占GDP比重（%）(x2c)	教育普及度（人）(x2d)	规模以上工业企业R&D经费占GDP比重（%）(x2e)
宁夏 (1)	668	1345668	10.57	12.62	5300	2.94	3931.2	50.11	7910.0	3959.30	69	3.69	7	1819	0.45
四川 (2)	8204	1656036	11.96	13.52	5475	2.14	8065.9	59.58	19158.3	2717.17	109	8.44	5	2312	0.74
贵州 (3)	3530	1557690	12.94	11.27	4415	2.24	2827.1	55.65	6344.2	3278.70	59	3.05	7	1819	0.44
重庆 (4)	3017	1025597	16.99	11.03	5486	2.40	5633.9	58.53	4421.7	1518.65	64	3.99	4	3071	1.27
云南 (5)	668	955139.5	18.11	13.97	4413	2.63	985.7	50.61	1290.7	138.41	18	0.80	6	2244	0.69
陕西 (6)	3793	1966032	12.57	15.51	5362	4.58	4017.8	55.86	19914.8	881.06	92	6.65	5	3628	0.96
甘肃 (7)	2600	1253333	12.23	9.00	4913	2.39	2332.0	49.14	5621.1	635.03	45	2.61	8	2194	0.72
青海 (8)	588	514641	10.48	13.25	5242	3.73	548.9	58.71	2047.9	10057.60	12	0.41	8	1275	0.27
西藏 (9)	324	75185.39	11.65	9.05	4111	4.19	227.5	43.25	913.0	120120.96	6	0.26	15	1766	0.03
新疆 (10)	2360	2110752	11.50	16.08	4653	3.44	2211.3	63.68	10849.7	3994.25	44	1.94	7	1759	0.39

省份	科学研究与开发机构数（个）(x2f)	技术市场成交额（亿元）(x2g)	科研设施的完备性 (x2h)	在职培训人数（人）(x2i)	科研政策的创新性 (x2j)	居民人均可支配收入（元）(x3a)	第三产业机构数（个）(x3b)	第三产业增加值（亿元）(x3c)	第三产业就业人员数（人）(x3d)	城镇登记失业率（%）(x3e)	全员劳动生产率（元/人）(x3f)	人才管理政策的完备性 (x4a)	人才市场体系的健全性 (x4b)	人才市场服务的完备水平 (x4c)	人才的领导管理水平 (x4d)
宁夏 (1)	54	51.84	0.8	45247	1.0	21074.5	271033	6147.27	3926735	4.0	9.28	1.3	1.1	1.0	0.5
四川 (2)	225	282.32	2.8	129039	2.7	20307	373418	13127.72	6408886	4.1	13.88	2.1	2.6	1.1	3.3
贵州 (3)	63	25.96	0.7	48911	0.6	18700.5	169309	4714.12	2694970	3.3	10.78	1.1	0.9	1.1	0.5
重庆 (4)	153	57.24	2.2	41981	2.8	22968.1	306389	7497.75	3531876	3.6	13.37	1.2	1.2	1.1	2.4

附录 D　西部地区 2011～2015 年创新人才聚集效应影响因素的原始数据

续表

省份	科学研究与开发机构数（个）(x2f)	技术市场成交额（亿元）(x2g)	科研设施的完备性 (x2h)	在职培训人数（人）(x2i)	科研政策的创新性 (x2j)	居民人均可支配收入（元）(x3a)	第三产业机构数（个）(x3b)	第三产业增加值（亿元）(x3c)	第三产业就业人员数（人）(x3d)	城镇登记失业率（%）(x3e)	全员劳动生产率（元/人）(x3f)	人才管理政策的完备性 (x4a)	人才市场体系的健全性 (x4b)	人才市场服务的水平 (x4c)	人才的领导管理水平 (x4d)
云南 (5)	18	3.52	0.3	2485	0.4	19831.4	47279	1294.41	674222	4.0	13.40	0.3	0.2	1.1	0.1
陕西 (6)	160	721.82	2.2	33771	1.7	20733.9	268960	7342.10	4112237	3.4	14.35	1.8	2.2	0.9	2.2
甘肃 (7)	26	129.70	0.6	24801	0.5	17156.9	141071	3341.46	2113309	2.1	6.79	0.9	0.8	0.8	0.4
青海 (8)	7	46.88	0.1	1058	0	17566.3	39667	1000.81	616871	3.2	14.25	0.2	0.1	1.1	0.1
西藏 (9)	1	—	0	658	0	18028.3	22197	552.16	251857	2.5	2.09	0.1	0.1	0.9	0
新疆 (10)	21	3.03	0.4	13395	0.4	17920.7	157603	4169.32	2887710	2.9	8.64	0.8	0.6	0.9	0.4

省份	人均文教娱乐服务消费支出（元）(x5a)	群众文化服务业机构数（个）(x5b)	文化及相关产业从业人员数（人）(x5c)	等级及相关运动员发展数（人）(x5d)	集体认知水平 (x5e)	和谐水平 (x5f)	创造力水平 (x5g)
宁夏 (1)	1434.3	276	34959	1115	0.9	4.3	1.1
四川 (2)	1587.4	543	73064	1903	3.2	4.4	2.6
贵州 (3)	1396.0	95	27272	403	1.1	3.9	0.9
重庆 (4)	1470.6	730	67534	1356	0.7	4.3	1.2
云南 (5)	1515.9	40	6197	281	0.2	4.4	0.2
陕西 (6)	2078.5	177	42678	563	1.5	4.2	2.2
甘肃 (7)	1388.2	191	10213	516	1.1	4.2	0.8
青海 (8)	1097.2	54	2944	297	0.3	4.3	0.1
西藏 (9)	550.5	87	759	52	0.3	3.6	0.1
新疆 (10)	1280.8	132	13054	1103	0.7	4.0	0.6

资料来源：《中国统计年鉴（2016）》。

附录 E　西部地区 2011～2015 年创新人才聚集效应及其影响因素处理后数据（逆指标转化）

表 E　西部地区 2011～2015 年创新人才聚集效应及其影响因素处理后数据（逆指标转化）

年份	普查总人口（万人）(x1a)	空气质量指数（万吨）(x1b)	人均公园绿地面积（平方米/元）(x1c)	每万人拥有公共交通车辆（标台）(x1d)	住宅商品房平均销售价格（元/平方米）(x1e)	每万人拥有公共厕所（座）(x1f)	养老保险、失业保险、医疗保险参保人数（万人）(x1g)	每万人卫生医疗机构床位数（张）(x1h)	社会治安、交通事故等损失（万元）(x1i)	人均水资源量（立方米/人）(x1j)	普通高等学校数（所）(x2a)	普通高等学校专任教师数（万人）(x2b)	教育支出占GDP比重（%）(x2c)	教育普及程度（人）(x2d)	规模以上工业企业R&D经费占GDP比重（%）(x2e)
2011	29095	1/13877136.720	11.174	11.617	3944.689	2.920	16069.4	38.127	1/84440.3	17503.236	464	26.270	8.2	18580	1.197
2012	29256	1/13686196.060	11.475	11.857	4276.308	2.600	22134.6	43.747	1/54490.5	17102.242	477	27.790	5.7	19743	0.538
2013	29420	1/13638924.110	12.104	12.371	4621.900	3.047	28590.3	48.347	1/73545.1	17064.103	491	29.400	5.7	20602	0.552
2014	29580	1/13896459.170	12.723	12.544	4973.600	3.072	30086.1	51.530	1/77350.2	17135.398	507	30.750	6.8	21453	0.579
2015	29826	1/12460073.890	12.900	12.530	4937.000	3.068	30781.3	54.512	1/78471.4	14730.113	518	31.840	7.2	21887	0.596

西部地区 2011～2015 年创新人才聚集效应及其影响因素处理后数据（逆指标转化）

年份	科学研究与开发机构数（个）(x2f)	技术市场成交额（亿元）(x2g)	科研设施的完善备性（x2h)	在职培训人数（人）(x2i)	科研政策的创新性（x2j)	居民人均可支配收入（元）(x3a)	第三产业机构数（个）(x3b)	第三产业增加值（亿元）(x3c)	第三产业就业人员数（人）(x3d)	城镇登记失业率（%）(x3e)	全员劳动生产率（元/人）(x3f)	人才管理政策的完备性（人）(x4a)	人才市场服务体系的健全性（x4b)	人才的领导管理水平（x4c)	人才市场领导管理水平（x4d)
2011	411	454.51	1.00	490482	1.00	12432.28	1090162	27410.32	22167659	3.67	10.859	0.99	1.00	1.00	1.01
2012	724	655.89	1.01	453801	1.00	13545.16	1197950	32222.24	22684984	3.41	11.365	1.00	1.01	0.98	0.99
2013	596	963.85	0.99	387359	1.00	14990.84	1289017	38673.32	23322274	3.37	10.483	1.01	1.00	1.01	0.99

续表

年份	科学研究与开发机构数（个）(x2f)	技术市场成交额（亿元）(x2g)	科研设施的完备性 (x2h)	在职培训人数（人）(x2i)	科研政策的创新性 (x2j)	居民人均可支配收入（元）(x3a)	第三产业机构数（个）(x3b)	第三产业增加值（亿元）(x3c)	第三产业就业人员数（人）(x3d)	城镇登记失业率（%）(x3e)	全员劳动生产率（元/人）(x3f)	人才管理政策的完备性 (x4a)	人才市场体系的健全性 (x4b)	人才市场服务的水平 (x4c)	人才的领导管理水平 (x4d)
2014	669	1212.85	1.00	321764	1.00	17134.47	1562101	43269.48	25594729	3.34	11.123	0.99	0.99	1.00	1.00
2015	728	1322.31	1.01	341346	1.01	19428.76	1796926	49187.12	27218673	3.31	10.683	0.98	0.98	1.00	0.99

年份	人均文教娱乐服务消费支出（元）(x5a)	群众文化服务业机构数（个）(x5b)	文化及相关产业从业人员数（人）(x5c)	等级运动员发展数（人）(x5d)	集体认知水平 (x5e)	和谐水平 (x5f)	创造力水平 (x5g)	聚集效应 (y)
2011	9256.2	1312	251300	6250	1.00	3.81	1.00	0.219
2012	10189.9	1516	247700	7674	1.00	3.92	1.10	0.257
2013	11318.9	1833	163492	8695	1.00	3.98	1.00	0.241
2014	12588.1	2031	224074	8086	1.00	4.08	0.99	0.231
2015	13799.4	2325	278674	7589	1.00	4.16	0.98	0.201

资料来源：2012～2016 年《中国统计年鉴》。

参考文献

［1］阿瑟·刘易斯．二元经济论［M］．北京：北京经济学院出版社，1989．

［2］安虎森．空间接近与不确定性的降低：经济活动聚集与分散的一种解释［J］．南开经济研究，2001（3）：49－51．

［3］包玉香，王宏艳，李玉江．人力资本空间集聚对区域经济增长的效应分析——以山东省为例［J］．人口与经济，2010（3）：28－33．

［4］蔡昉．人口迁移和流动的成因、趋势与政策［J］．中国人口科学，1995（6）：8－16．

［5］钞秋玲，王梦晨．英国创新人才培养体系探究及启示［J］．西安交通大学学报（社会科学版），2015，35（2）：119－123．

［6］陈春华，肖智星．人才流动的微观动因分析［J］．科技进步与对策，2000，17（6）：104－105．

［7］陈红平，王加林．西部职业教育有效发展的人才聚集策略：以云南省为例［J］．成人教育，2009（9）：49－50．

［8］程桢．人才聚集环境效应与中西部地区人才聚集环境的优化［J］．管理现代化，2006（3）：46－48．

［9］崔杰，党耀国，刘思峰．基于灰色关联度求解指标权重的改进方法［J］．中国管理科学，2018，16（5）：141－145．

［10］崔胤东．三角测量法与三角测量思维［J］．经济师，2008（8）：28－29．

［11］邓川．内江市农村劳动力转移研究［D］．四川农业大学，2012．

［12］邓聚龙．灰色系统理论教程［M］．北京：华中理工大学出版社，1990．

［13］丁刚，罗暖．我国省域科技创新人才队伍建设的现状评价与空间集聚效应研究：基于 GPCA 模型和 ESDA 方法［J］．武汉理工大学学报（社会科学版），2012，25（4）：519－525．

［14］樊士德，沈坤荣，朱克朋．中国制造业劳动力转移刚性与产业区际转移——基于核心—边缘模型拓展的数值模拟和经验研究［J］．中国工业经济，2015（11）：94－108．

［15］方阳春，王美洁，贾丹．浙江省制造业企业创新人才竞争力及其对创新绩效的影响［J］．科研管理，2016（37）：558－559．

［16］龚新蜀，金亚珍．基于灰色关联理论的产业结构与经济协同发展的实证分析［J］．统计与决策，2018（2）：123－126．

［17］关勋强，李瑞兴．医学研究生教育评价研究与实践［M］．北京：军事医学科学出版社，2000．

［18］哈里斯·托达罗．迁移、失业和发展：两部门分析［J］．美国经济评论，1960（3）：23－26．

［19］赫尔曼·哈肯．高等协同学［M］．郭治安，译．北京：北京科学出版社，1989．

［20］洪开荣．空间经济学的理论发展［J］．经济地理，2002，22（1）：2－5．

［21］柯健，李超．基于 DEA 聚类分析的中国各地区资源、环境与经济协调发展研究［J］．中国软科学，2005（2）：144－148．

［22］库克．生命的曲线［M］．周秋麟，陈品健，译．北京：中国发展出版社，2009．

［23］李强．影响中国城市流动人口的推力与拉力因素分析［J］．中国社会科学，2003（1）：125－136．

［24］李天健，侯景新．中国人力资本的空间集聚与分布差异［J］．世界经济文汇，2015（3）：104－117．

［25］李先琨．农业自然灾害系统灰色分析方法的探讨［J］．广西科学，1995，2（2）：51－55．

［26］李又兵，孙文瑾，杨朝龙，等．浅谈高校创新人才培养模式改革［J］．教育教学论坛，2015（21）：202 – 203.

［27］李玉江，徐光平．人力资本空间集聚对产业集群发展的影响［J］．山东师范大学学报（人文社会科学版），2008，53（3）：91 – 96.

［28］梁琦．产业集聚的市场因素考察［J］．江苏行政学院学报，2000（5）：51 – 57.

［29］梁文泉，陆铭．城市人力资本的分化：探索不同技能劳动者的互补和空间集聚［J］．经济社会体制比较，2015（3）：185 – 197.

［30］廖正宏．人口迁移［M］．台北：三民书局，1985.

［31］刘春阳，杨培峰．中外收缩城市动因机制及表现特征比较研究［J］．现代城市研究，2017（3）：64 – 71.

［32］刘海林，姚树印．医学科研管理学［M］．北京：人民卫生出版社，1991.

［33］刘嵘．Ridit 分析的 SPSS 实现［J］．中国卫生统计，2004，21（4）：236 – 237.

［34］刘思峰．灰色系统理论及其应用［M］．北京：科学出版社，1999.

［35］龙跃．基于生态位调节的战略性新兴产业集群协同演化研究［J］．科技进步与对策，2018，35（3）：52 – 59.

［36］吕洪良．蒂伯特模型：经济内涵与政治外延［J］．学理论，2012（29）：119 – 121.

［37］牛冲槐，接民，张敏，等．人才聚集效应及其评判［J］．中国软科学，2006（4）：118 – 123.

［38］牛冲槐，唐朝永，芮雪琴．科技型人才聚集环境及聚集效应分析：经济环境对科技型人才聚集效应的影响分析［J］．太原理工大学学报（社会科学版），2007，25（4）：1 – 5.

［39］牛冲槐，张敏，张洪潮，等．人才聚集效应研究［J］．山西高等学校社会科学学报，2006，18（2）：16 – 18.

［40］牛冲槐，赵彩艳，王聪．科技型人才聚集下信息共享效应与知识溢出效应关系研究［J］．科技进步与对策，2009，26（19）：142－146.

［41］牛凯龙，陈小宁，等．Delphi 法在构建公共场所卫生监督量化分级执行力评估量表中的应用［J］．环境与健康杂志，2010，27（8）：726－727.

［42］舒尔茨．论人力资本投资［M］．蒋兵，张蘅，译．北京：北京经济学院出版社，1990.

［43］苏银法．Ridit 检验的简化计算［J］．中国临床药理学与治疗学，2001，6（4）：293－294.

［44］孙健，孙启文，孙嘉琦．中国不同地区人才集聚模式研究［J］．人口与经济，2007（3）：15－20.

［45］孙健，尤雯．人才集聚与产业集聚的互动关系研究［J］．管理世界，2008（3）：177－178.

［46］孙振良，宋绍成．突发事件舆情新兴生态链系统的协同演化机理研究［J］．情报科学，2017，35（5）：30－33.

［47］谭学瑞，邓聚龙．灰色关联分析：多因素统计分析新方法［J］．统计研究，1995，12（3）：46－48.

［48］王明杰，郑一山．西方人力资本理论研究综述［J］．中国行政管理，2006（8）：92－95.

［49］王天霞．探析"推力—拉力"理论视角下的重庆区域人口流迁与人口再分布［J］．中国市场，2014（51）：95－96.

［50］王通讯．人才资源为什么是第一资源［J］．中国人才，2004（6）：16－19.

［51］王维志．中国七十四市镇迁移人口年龄构成的初步分析［J］．人口与经济，1988（3）：11－16.

［52］王燕．区域科技型人才聚集下的知识溢出效应研究［D］．青岛：山东科技大学，2010.

［53］王重鸣，陈民科．管理胜任力特征分析：结构方程模型检验［J］．

心理科学，2002，25（2）：513-516.

[54] 威廉·配第. 政治算术 [M]. 马妍，译. 北京：中国社会科学出版社，2010.

[55] 魏后凯. 现代区域经济学 [M]. 北京：经济管理出版社，2011.

[56] 吴秋明，李必强. 集成与系统的辩证关系 [J]. 系统科学学报，2003，11（3）：24-28.

[57] 吴彤. 自组织方法论研究 [M]. 北京：清华大学出版社，2001.

[58] 徐胜，杨学龙. 创新驱动与海洋产业集聚的协同发展研究——基于中国沿海省市的灰色关联分析 [J]. 华东经济管理，2018（2）：41-46.

[59] 许经勇. 刘易斯二元经济结构理论与我国现实 [J]. 吉首大学学报（社会科学版），2012，33（1）：105-108.

[60] 颜士梅. 内容分析方法及在人力资源管理研究中的运用 [J]. 软科学，2008，22（9）：133-139.

[61] 杨晨，阮静娴. 区域知识产权政策协同及协同运行机制研究 [J]. 科技管理研究，2017，37（6）：177-183.

[62] 杨菊萍，贾生华. 企业迁移的动因识别：基于内容分析法的研究 [J]. 地理科学，2011，31（1）：15-21.

[63] 叶金松，吴存凤. 库克曲线与中国人力资源管理 [J]. 经济与管理，2007，21（1）：56-58.

[64] 俞路，张善余. 基于空间统计的人口迁移流分析——以我国三大都市圈为例 [J]. 华东师范大学学报（哲学社会科学版），2005，37（5）：25-31.

[65] 俞路，张善余. 我国三大都市圈人口迁移态势与影响因素分析 [J]. 南方人口，2005，20（3）：17-23.

[66] 袁莉. 聚集效应与西部竞争优势的培育 [M]. 北京：经济管理出版社，2002.

[67] 曾健，张一方. 社会协同学 [M]. 北京：科学出版社，2000.

[68] 湛垦华，孟宪俊，张强. 涨落与系统自组织 [J]. 中国社会科学，

1989 (4): 173 – 184.

[69] 张弘, 赵曙明. 人才流动探析 [J]. 中国人才资源开发, 2000 (8): 4 – 6.

[70] 张娜, 闫书丽. 基于群体共识度和专家满意度的交互式灰色局势群决策模型 [J]. 统计与决策, 2008 (1): 24 – 27.

[71] 张同全, 王乐杰. 我国制造业基地人才集聚效应评价: 基于三大制造业基地的比较分析 [J]. 中国软科学, 2009 (11): 64 – 71.

[72] 张新祥, 胡丽君. 商业模式动态演化机制: 基于互联网业的多案例内容分析 [J]. 科研管理, 2018, 39 (3): 110 – 121.

[73] 赵淑渊. 山西省科技型人才聚集效应与区域核心竞争力关系研究 [D]. 太原: 太原理工大学, 2013.

[74] 赵伟, 藤田昌久. 空间经济学 [M]. 杭州: 浙江大学出版社, 2013.

[75] 赵永乐, 张书凤. 以台湾人才水平为借鉴的福建人才发展研究 [J]. 第一资源, 2011: 122 – 132.

[76] 赵永乐. 服务发展的新要求: 从人才特区看人才引领发展 [J]. 第一资源, 2010: 36 – 41.

[77] 赵永乐. 激发市场主体活力 创新人才体制机制 [J]. 第一资源, 2012: 176 – 177.

[78] 赵永乐. 坚持人才优先发展 强烈推动科学发展 [J]. 第一资源, 2012: 111 – 115.

[79] 赵永乐. 美国的人才强国之路与中国的人才强国战略 [J]. 第一资源, 2009: 170 – 182.

[80] 郑孟七. 干部流动的科学性与制度创新 [J]. 经济研究导刊, 2010 (32): 269 – 271.

[81] 中松义郎. 人际关系方程式 [M]. 桂林: 漓江出版社, 1990.

[82] 钟卫东, 孙大海. 基于在孵企业观点的孵化服务重要性评估研究 [J]. 科技管理研究, 2006 (3): 61 – 65.

［83］周吉节. 2000—2005 年我国省际人口迁移的分布状况和经济动因研究［D］. 上海：复旦大学，2009.

［84］朱惠斌. 日本产业集群规划的特征及启示［J］. 世界地理研究，2014，23（1）：93 – 102.

［85］朱英明. 产业集聚研究述评［J］. 经济评论，2003（3）：117 – 121.

［86］Bailey R L. Disciplined creativity for engineers［M］. Ann Arbor，MI. Ann Arbor Science. 1979.

［87］Barrettd J L, Ckarke P L. A framework for event-based software integration［J］. ACM Transactions on Software Engineering and Methodology，1996（4）：76 – 78.

［88］Becker G S, Murhpy K M, Tamura R F. Human capital, fertility and economic growth［J］. Journal of Political Economy，1990，98（5）：512 – 537.

［89］Becker G S. Human capital［M］. Chicago：The University of Chicago Press，1975.

［90］Behrman J R. Human capital formation, returns and policied: analytical approached and research questions［J］. Journal of International Development，1996，8（3）：341 – 373.

［91］Bergin A, Krarney I. Human capital accumulation in an open labour market: Ireland in the 1990s［J］. Economic Modelling，2007，24（6）：839 – 858.

［92］Carr S C, Inkson K, Thom K. From global careers to talent flow: reinterpreting "Brain Drain"［D］. Journal of World Business，2005，40（4）：386 – 398.

［93］Chi-Cheng Chang, Jiun-Hao Wang. Curvilinear effects of openness and agreeableness on the imaginative capability of student designers［J］. Thinking Skills and Creativity，2014（14）：68 – 75.

［94］Fisher I. The nature of capital and income［M］. Tallahassee：The

MacMillan Company, 1906.

[95] Galbraith J K. The affluent society [J]. Journal of Political Economy, 1971, 41 (1): 144 – 186.

[96] Gilson L L. Diversity, dissimilarity and creativity: does group composition or being different enhance or hinder creative performance [M]. Washington, DC: Academy of Management Meeting, 2001.

[97] Haken H. Information and self-organization: a macroscopic approach to complex system [M]. Berlin: Springer, 1988.

[98] Haken H. Synergetics: an introduction [M]. Berlin: Springer, 1977.

[99] Hicks J R. The theory of wages [M]. London: Macmillan, 1932.

[100] Holsti O R. Content analysis for the social sciences and humanities [M]. Don Mills: Addison Wesley Publishing Company, 1969

[101] James B, Quinn P A. Managing professional intellect: making the most of the best [J]. Harvard Business Review, 1996 (2): 71 – 80.

[102] Katz A J, Welbourne T M. Managing people in entrepreneurial organizations: learning from the merger of entrepreneurship and human resource management [M]. JAI, 2002.

[103] Koestler A. The act of creation [M]. New York: Dell, 1964.

[104] Lee J W, Francisco R. Human capital accumulation in emerging Asia, 1970 – 2030 [J]. Japan and the World Economy, 2012, 24 (2): 76 – 86.

[105] Lehman H C. Age and achievement [M]. FT Press, 1953.

[106] Levin S, Stephan P. Research productivity over the life cycle: evidence for academic scientists [J]. American Economic Review, 1991 (81): 114 – 132.

[107] Lewim A. A dynamic theory of personality [M]. New York: McGrew-Hill Book Company, 1935.

[108] Lowery I S. Migration and metro-politan growth: two analytical models

[M]. San Francisco: Chandler Publishing Company, 1966.

[109] Lucas R E. On the mechanics of economic development [J]. Journal of Monetary, 1988 (22): 3 –42.

[110] Ma L, Yue F. Industrial clusters' talents agglomeration effects on high-tech enterprises'innovations [C]. E-Product E-Service and E-Entertainment, 2010.

[111] Mincer J. Human capital responses to technological change [J]. NBER Working Paper, 1989.

[112] Montgomery D, Kay S. Characteristics of the creative person: perceptions of university teachers in relation to the professional literature [J]. The American Behavioral Scientist, 1993, 37 (1): 68 –78.

[113] Ormerod R J. Is content analysis either practical or desirable for research evaluation? [J]. Omega, 2000, 28 (2): 241 –245.

[114] Romer P M. Endogenous technological change [J]. Journal of Political Economy, 1990, 98 (5): 71 –102.

[115] Romer P M. Increasing returns and long-run growth [J]. Journal of Political Economy, 1986, 94 (5): 1002 –1037.

[116] Rotemberg J J, Saloner G. Competition and human capital accumulation: a theory of interregional specialization and trade [J]. Regional Science and Urban Economics, 2000, 30 (4): 373 –404.

[117] Rourke L T A. Validity in quantitative content analysis [J]. Educational Technology Research and Development, 2004, 52 (1): 5 –16.

[118] Schultz T W. Investment in human capital [J]. American Economic Review, 1961, 51 (1): 1 –17.

[119] Schultz T W. The value of the ability to deal with disequilibrium [J]. Journal of Economic Literature, 1975, 13 (3): 827 –846.

[120] Stephan P E, Levin S G. Age and the Nobel Prize revisited [J]. Scientometrics, 1993, 28 (3): 387 –399.

［121］Tartakoff H. The normal personality in our culture and the Nobel Prize complex ［J］. R M Lowenstein, L M Newman, and A J Solnit, Psychoanalysis: A General Psychology, 1966, 2（3）: 222 - 252.

［122］Thome A, Gough H. Portraits of type ［M］. Palo Alto, CA: Consulting Psychologists Press. 1991.

［123］Tiebout C M. A pure theory of local expenditures ［J］. Journal of Political Economy, 1956, 64（5）: 416 - 424.

［124］Uzawza H. Optimum technical change in an aggregative model of exonomic growth ［J］. International Economic Review, 1965, 6（1）: 18 - 31.

［125］Zeshuang L, Fuqiang Y, Jing L. Based on similar distance vector algorithm immune genetic characteristics of the creative talents of genetic selection ［R］. Second International Conference on Education Technology and Training, 2009: 274 - 276.